可樂居選藏山西傳統家具

王世襄 題

柯惕思 文
马可乐 图

山西出版传媒集团
山西人民出版社

图书在版编目（CIP）数据

可乐居选藏山西传统家具 / 马可乐，柯惕思著．——太原：山西人民出版社，2011.12
ISBN 978-7-203-07459-5

Ⅰ．①可… Ⅱ．①马… ②柯… Ⅲ．①家具－收藏－山西省－古代－图籍 Ⅳ．① G894-64

中国版本图书馆CIP数据核字（2011）第251547号

可乐居选藏山西传统家具

著　　者：	马可乐　柯惕思
责任编辑：	刘文哲　李　颖
出 版 者：	山西出版传媒集团·山西人民出版社
地　　址：	太原市建设南路 21 号
邮　　编：	030012
发行营销：	0351-4922220　4955996　4956039
	0351-4922127（传真）　4956038（邮购）
E-mail：	sxskcb@163.com　发行部
	sxskcb@126.com　总编室
网　　址：	www.sxskcb.com
经 销 者：	山西出版传媒集团·山西人民出版社
承 印 者：	北京雅昌彩色印刷有限公司
开　　本：	635mm×965mm　　1/8
印　　张：	35.5
版　　次：	2012 年 3 月　第 1 版
印　　次：	2012 年 3 月　第 1 次印刷
书　　号：	ISBN 978-7-203-07459-5
定　　价：	800.00 元

如有印装质量问题请与本社联系调换

目　录

未临沧海难言水（代序）	王世襄	1
我与山西传统家具收藏	马可乐	7
前言	柯惕思	10
山西地区的中国"传统"家具		11
山西家具的传承		14
装饰与风格		18
髹漆		27
家具制作的传统木材		36
结构		51
年代鉴定		54
图录		60
注释		268
参考文献		270

未临沧海难言水（代序）

《可乐居选藏山西传统家具》图册收家具百几十件，多来自山西中小城市及乡镇村庄，少数来自陕西、河南、河北等地。时代多为清制，少数早到明，个别的可能更早。木材不用珍贵硬木而是就地取材，榆、槐之外，还用楠、柏、梨、银杏、核桃等木。它们和现在广为人知的主要用黄花梨制成的所谓"明式家具"（国外多称之为 Classical Chinese Furniture）在产地、使用者、用料等方面都明显不同，故今称之曰"民间家具"（国外多称之为 Vernacular Furniture）。我国民间家具不论是南方的还是北方的，过去外出采访，都曾目审手抚。偶或购买一两件，但没有进行过专门的调查研究，故在印象中只有一些孤立的例子，未能形成系统的概念。现在能看到可乐居主人准备编入图册的百几十件，深感欣幸。这是他十年来从买到的若干千件中选出来的，而买到的若干千件又是从他过目的若干万件中选出来的。故数量虽不算多，却有一定的代表性。这批家具可分为三个部分：

第一部分造型结构、制作手法和黄花梨明式家具基本相同，截然不同的是木材为杂木而不是硬木。〈高背小灯挂椅〉（图一）和〈成对四出头官帽椅〉（图二），如有人出示照片，告知为黄花梨制，我不敢贸然否定。又如〈插肩榫壸门牙条小翘头案〉（图三），用材偏细而比例适宜。没有想到用榆木也能做得如此峭然卓立，挺秀出群。再如长逾两米半〈插肩榫独木面大案〉（图四），浑厚古朴，气足神完。案足似有意避免常规，削出扁方马蹄，落在托子上。喜无蛇足之嫌，却收稳重之效。故不论为何种木材制成，均为上乘佳器。

第二部分言其大貌仍是明式，但一眼望去，对其某些部分感到特殊，故远观亦知其非黄花梨制品。〈圈椅〉（图五），靠背及扶手过大，有失权衡，仿佛是从大小两椅各取其半，安装成一具。〈罗汉床〉（图

图一

图二

图三　　　　　图四　　　　　图二

六），纹饰甚晚，因雕痕极浅，远观并不显著。独板围子，则是明式。出乎意料的是马蹄竟采用在清式中也属简率庸俗的一种，与床身无法协调，以上有损整体的现象，我以为制作者不可能不理会，也不难更改，只不过是他执意要如此制造而已。一具〈半桌〉（图七），虽然在结构上企图有所创新，面板两端长出，有吊头，分明是案形结构。但细看下部却是一张腿足位在四角的桌子。牙条也与腿子上端格角相交，不再向外延伸，它不过是将一块较大的桌面放在较小的四面平式桌上，视觉上让人感到是案形结构而已。腿足挖缺做，着地的两瓣马蹄也十分奇特。一般明式条案挡板常用整板雕镂图案，或镶四框，从底框翻起云头，从未见在托子上留有透空。〈小翘头案〉（图八）却把椅具靠北、屏扇下底的"亮脚"搬到托子上，于是云头不得不上移，致使条案两个侧面完全改观。〈扶手椅〉（图九）靠背四截攒成。框外上下均有角牙。在下一对，造型竟如抵夹座屏风或衣架的"站牙"（清代匠作则例称之为"瓶壶牙子"），其下还特设两段小栏杆来承托它。上述两例，前者大胆地改变了某一重要部位的空间分割，后者用扩大、添加降来崇饰增华，虽都未远离传统的造型，却出现了明显的变化。

第三部分为数最多，形形色色，众态纷呈，只因它们都和黄花梨家具大不相同而归成一类。有的品种流行于晋、陕地区，不流行于江南，自然非黄花梨家具所能有，至少是十分罕见。有的取法于常见形式，由于改变常规造型和构件位置，而收推陈出新之效。有的为了增加实用功能而大大改变其结构。有的独出心裁，以我为主，和第二部分某些例子一样，体现了创新变革的精神。

〈栏杆榻〉（图十）和供案及长交椅是流行于晋、陕的三个品种。称之曰"品种"是因为并非只出现一件两件，而有多件流散出来。榻三面设栏杆，有的下面两端还各设一段方形栏杆。榻身案形结构，腿足缩进安装，直者多于弯者，用插肩榫与榻面连接。栏杆床榻，可上溯到信阳长台关、荆门包山战国楚墓发现的大床。唯年代邈远，很难说和民间还在使用的有何直接的联系。不过只要注意到在内蒙古解放营子辽墓[①]（图十一）、大同金阎德源墓[②]（图十二）、襄汾明墓[③]（图十三）发现的殉葬器物，就会看到它们之间的渊源关系，并相信在山

图五

图六

图七

图八

图九

西南北一带至少已流行上千年了。

在黄花梨家具中，供桌罕见，供案恐更难逢。晋、陕一带流出的则是腿足缩进安装的〈供案〉（图十四、十五）。面板以下界成长方格，格内装线环板或设抽屉。此下有长牙条。腿足上截垂直，内缘贴着长方格，外缘与案面形成直角，安挂牙。此下腿足向外鼓出大弯后，向内回收，至足底又向外卷转。外鼓的内侧及外卷的上端雕镂卷草纹饰。有的还利用腿内边材做成竹节纹立柱。足底削出圆球落在须弥座式台座上。台座立柱分格装镂透孔的绦环板。上述类型供案，南北各地均曾发现实物或形象材料，拙作《明式家具研究》即收有遵义宋墓石刻浮雕、武当山铜殿明铸供案和明代朱檀墓出土之杂木供案等④。北京西郊法海寺也有类此之实物，只是未见有黄花梨制者。

长交椅是一个很特殊的品种，两具、三具（图十六）、乃至四具相连，可供人并坐。椅背横材之间加荷叶式卡子花，形制颇古，接近宋元栏杆和楼梯扶手所见。长形有靠背坐具，《鲁班经匠家镜》有琴凳，实为靠背长凳。长交椅只流行于晋南地区，据闻用于观剧。把单只的交椅连起来，当然也是一种创造。它始于何时，不详。早期实物和形像材料尚有待发现。〈食盒〉（图十七）木胎黑漆朱里，内分隔成格。盒下又设带插门长方盒，容纳折叠腿足。抽掉插门，放下腿足，食盒得借以支承。折叠腿足当从折叠炕桌得到启发，用于食盒，便于出行，堪称创举。不仅未见黄花梨制者，民间用具可能也是绝无仅有一件。按食盒古有"檻"、"檁"等名。杨泓先生据南昌晋墓出土一具底有朱漆铭文"吴氏檁"三字⑤，认为当定名为"檁"。考虑到"檁"之一种，民间恐久已不存在，故今从俗，仍称之曰食盒。圆凳，黄花梨制者极少。有之，造型设计多乞灵于坐墩、香几等圆形结构，而不敢取法于四足的方形结构。当然不是没有，而是不容易获得成功。册中的一件（图十八），利用四足上端比较集中，可向外开张，加大侧脚，形象便与一般圆凳不同，且增加了稳定感，镂空牙条，在方形椅子上本来贴着在坐盘之下。圆凳为了亮出这一装饰构件，特加一根横掌，将牙条移下安装，掌上还加一根单矮老。此下两面安踏脚掌，两面安双直掌，完全采用了椅子下部的做法。这些构件我们都十分熟悉，由于整体造

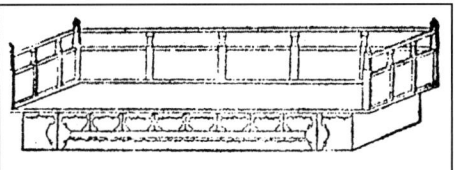

图十一

图十二

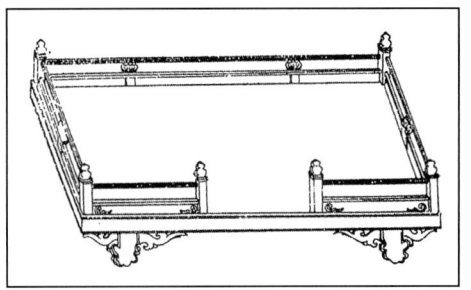

图十三

图十

图十四

图十五

型的改变，部分构件的易位，使圆凳显得典雅清新，而且非常牢固耐用。

造型新奇出我意想的是一个〈酒坛式坐墩〉（图十九）。匠师或订制者想必是一个贪杯者，故坐也要坐在酒坛子上。为了实用，墩面不得不大于一般的坛子口。传统坐墩，多开透光，也被保留。但是他想告诉人的是："我的生活起居和杯中物是密不可分的。"这一中心思想还是成功地表达了出来。〈衣架〉（图二十）制作精到细致。灵芝出跳搭脑、挂牙、角牙、站牙等均合法度。中牌子、搭脑间安矮老，两侧各有花牙，状似有柄执扇，明式未见有此构件。最大的特点则在由单具衣架改变为两具重叠，并立在加长的墩子上。这样就大大增加了它的稳定性和实用性。见此实物，我会自问，为什么我就没有想到可以做一件双层的衣架？以上四件都见新意，有创造性，而且是比较成功的例子。

另一件〈炕几〉（图二十一），制作者可能看到一种只有两三寸长的墨床和案头小几，两端的回文转折是一木镂成的，引起他再现之于大形炕几之上。做法当然只能用平板直角斗接。不言而喻，此几不仅费料耗工，易损坏，难修理，且致使空灵疏透的一平两直几变得沉重闷郁，一无是处。与之差似的是一件〈条桌〉（图二十二），两端底部用方形平板作托，上树直棖，连以横材，做成栅栏式样。面板以下则以两根长材横贯束腰牙条部位。构思新奇，但不伦不类，毫无意义。以上两件，无法承认是成功的作品。看过这批家具，产生以下一些看法：

（一）民间家具有一部分和黄花梨家具的造型结构、制作手法十分相似，将如何解释这一现象呢？我认为明清时期晋、陕地区的某些工匠除大量使用一般木材外，也用黄花梨制造家具。这是由于近年来在上述地区不断发现黄花梨家具，而改变了我过去认为太湖流域是黄花梨家具唯一产地的观点。还有，即便某些晋、陕工匠从未使用过黄花梨，也会用一般木材制造出和黄花梨家具相似的作品。这是因为明式家具在南宋时已基本定型。元明以降，不同地区的工匠都在继承仿效。如果他们的审美观念、趣味好尚相似，那么制做出来的家具自然会不谋而合，如出一手。

图十六

图十七

图十八

图十九

（二）我更注意的，也是我更感兴趣的是民间家具的推陈出新和自我创新，正是在第二、三部分中能看到的一些例子。十分可贵的是好像只有在民间家具中才表现得最鲜明的一种独出心裁、以我为主、想怎样就怎样干的创新精神。就是靠这种精神才会创造出前人想不到、做不出的作品来。唯其创作意图虽表达在作品上，而观看者却一时不能了解其题材内容、思想内涵，自然就会产生耐人寻味、莫测高深的感觉。例如一件〈带翘头架几案〉（图二十三），几子开透光，分别镂刻系着肚兜的儿童骑兽（身躯肥硕，但密布五瓣花纹，有角已断折，疑是梅花鹿）、骑虎（头有"王"字）、骑大鸟（尾似孔雀）等，手持器物各殊，其一拿的可能是个葫芦，看来较大的可能雕的是流行在晋陕一带、含有繁衍子孙之意的抓髻娃娃[6]（图二十四）和葫芦娃娃[7]（图二十五）。但仍待进一步调查研究，才能作出比较合理的解释和评价。还有传统的榫、卯、楔、销，从来就是灵活多变。以民间家具的敢于创新，一定有非常精彩的设计。惟不经拆卸，无从窥其奥妙。这也只有等有心人巧遇机缘，得以分解构件，再去仔细研究了。创新的家具，从审美的角度来看，有的是成功的，有的并不成功。即使不成功，我仍认为精神可嘉。民间家具能开扩视野，令人惊奇，引起探索兴起，增强求知欲望，这正是它的魅力所在。

图二十

图二十一

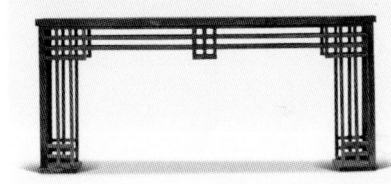

图二十二

（三）考察民间家具造型纹饰水平，估算用料耗工费用，了解日常使用情况，均必不可少，同时也能为研究当地的文化、经济、习俗提供参考资料。不过搜集资料必须在家具所在地进行，一旦离开故土，许多本来可以获得的知识便湮失殆尽，岂不十分可惜。因此加速去各地采访调查实为当务之急。收购经营家具者如能亲临其地，细心观察，口问笔记，也能为学术研究作出贡献。

在我准备为本册写序时，有朋友问："你对被称为达到传统家具最高峰的明式黄花梨家具已经研究了几十年，现在又来看民间家具，应当是'曾经沧海难为水'吧？"我连忙说："不是，不是，绝对不是！"黄花梨家具只是某一时刻、某些地区的产物。以我国历史之悠久，疆域之广袤，民族之众多，无时无地没有家具。放眼来看，黄花梨家具所占的位置就很有限了。研究中国家具岂能仅仅有此而不见其

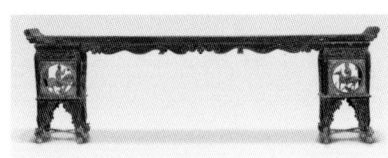

图二十三

图二十四

图二十五

余呢？正如我国陶瓷，明清之际景德镇官窑青花诚然达到了高峰，但如有人只知此而无视历代名瓷和广布各地的民窑，那还能算是陶瓷研究者吗？因此，我此时的心情不是"曾经沧海难为水"，而是"未临沧海难言水"！我真希望垂老之年还能多学到一些家具知识，尤其是民间家具知识。

王世襄
1999年85岁

注释：

① 翁牛特旗文化馆等《内蒙古解放营子辽墓发掘简报》图四。《考古》1979年4期，第332页。

② 大同市博物馆《大同金代阎德源墓发掘简报》，《文物》1978年4期，图录壹，5。

③ 陶富海《山西襄汾县出土明洪武时期的木床》图一，《文物》1979年8期，第25页。

④ 王世襄《明式家具研究》，香港三联书店1989年7月，《文字卷》第71页，图录卷乙138。

⑤ 江西省博物馆《江西南昌晋墓》，《考古》1974年6期，第375页。

⑥ 《绵绵瓜瓞》上，台北汉声杂志社，1971年10月，第79页。

⑦ 《绵绵瓜瓞》上，台北汉声杂志社，1971年10月，第22页。

我与山西传统家具收藏

30年前，我由中国大陆移居到了香港，受家族生意的影响，加入了古典家具行业。我很幸运能够从事这一行业，使我有机会接触大量的传统家具。

在中国数千年的历史中，文物收藏有着悠久的传统。但是直到数十年前，家具并没有做为一个文物收藏体系，受到应有的重视。绝大多数文物收藏家，对中国古代家具所知甚少。直到著名学者王世襄出版了第一部系统论述中国明式家具的巨著，才在国内外掀起了家具收藏的热潮。

鉴于近年来所有的讨论几乎都是围绕着黄花梨木、紫檀木等珍贵木材制造的明清家具，以至于世人几乎忽略了与黄花梨家具同一时期也曾存在的其他种类的传统家具，甚至许多人有一种错觉，以为黄花梨家具是明式家具的唯一代表。在某些情况下黄花梨家具的价值被过分夸大。那些与黄花梨家具曾经同时存在的其他家具，被人们忽视。我们相信，当时除了黄花梨家具之外，必然也存在着用其他木材制造的大量传统家具。但由于材质不够坚硬，相比之下较易损坏，历经数百年时间及社会变迁，能够流传保存下来的也已十分稀少。因此，如能得到这一类家具的精品，亦弥足珍贵。

按照王世襄先生意见，此书所收传统家具划分为三大类型，即：
1. 造型结构、制作手法和黄花梨明式家具基本相同，截然不同的仅仅是木材的区别。
2. 其大貌仍是明式，但某些部位已有独特变化。
3. 为数众多，形形色色，同黄花梨家具大不相同，自成一格。

我们认为，广义的明式家具，也应当包括黄花梨家具以外的传统家具。明式家具的珍贵，应当不仅是因为木材材质的珍贵，更重要的是其工艺精良，存世稀少及其文化含量。否则，那些新近制作的假冒伪劣黄花梨家具不是比一件珍贵的明式榆木家具更有收藏价值？

过去十年之间，我检视了超过五万件家具，此处所收集藏品，是由其中挑选出来的，许多可谓万中无一。多年来，并未再见到同类品种出现。这就像是沙里淘金，需要大量的时间和耐心。许多东西，并不是有钱就可以买到的，其中需要很多的机缘。

根据我的观察，现在存世的传统家具，绝大部分制作于清中晚期，其中少数确实年代久远。如果我们用对比的方法来看，一些黄花梨家具未必比同样做工的柴木家具老多少。因此，不能一见到黄花梨家具，就认为全是明代制品，也不能一见到柴木家具，就认为没有什么价值。断定一件家具的年代要结合其造型、做工、雕刻、油漆、金属配件等各种细节，以及木质的风化程度综合考虑，不可一概而论。那种仅仅根据造型即判断其年代的做法是比较片面的。

由于气候的变化及社会变迁，年代久远的老家具大都需要进行适当的修理。如果修理得当，这件家具可以保持原貌，甚至可以起死回生，继续流传。但修理不当就会影响它的价值，甚至从此消失，再也无法辨认。因此，专业化的修理成为十分重要的一环。现在各地一哄而起的各种小工厂，由于种种条件限制，无法进行正规的修理，业者追求短期利益，往往使得珍贵的老家具受到人为的破坏，这是非常可惜的，无形中进一步加速了老家具的消失。也许到了将来某一天，想见到一件真正保持原貌的老家具已不可能。

编写这本图录的目的是希望给家具爱好者们提供一些有用的帮助。我们选择的标准是：一、保存原貌；二、年代特征鲜明；三、造型及做工俱佳，反应明式家具主流传统；四、具文化气息或造型独特；五、未经过破坏性修理。

图录中有许多件均是有确切年代的带款家具。一些如图录17、18、33、104、129等是已有确切年代的参照物，年代基本可以确定。所有家具经过小心验证，非为赝品。我们希望在这些东西迅速消失之前，留下一个可靠的记载，借此给研究者提供一份可靠的资料，并掀起进一步的讨论，以期对于中国传统家具有更多的认识和了解。书中的老家具大多来自山西各地。山西是中国古建筑保存最多的地区，也是中国古文化遗产遗存最丰富的地区之一。山西的老家具具有浓厚的中原文化特色，在许多中国古代绘画中，都可以见到山西家具的影子。因此，山西老家具在中国传统家具之中，极具代表性。

本书的编辑得到王世襄先生的鼓励和关怀，先生并亲自为本书写了序言。我的友人柯惕思先生做了非常详尽的论述，并提供了大量的古代版画数据。摄影师佟大任先生做了很多努力。在我收集藏品的过程中，许多朋友提供了可贵的帮助。我的妻子周家珞给了我很大的支持和理解。谨在此致以最衷心的感谢！

本书的英文版是在1999年出版的。当时因为面对的对象主要是海外读者，所以我决定请柯惕思先生来编写本书，也因为他是一位外国人，在谈论我的私人收藏时，角度可能会更客观一些，避免本书成为一本商业目录，在年代的认定上，我们采取西方习惯做法以世纪为单位，除非有明确纪年，不具体指明属于某具体朝代，这样一来符合实际的认知情况，也为以后的研究者敞开一扇更广阔的大门。书中的藏品既不是我收藏的全部，也不是仅以商业价值为选取标准，而是寻求一种代表性，从中可以反映出整个收藏体系与中国家具发展历史的实际对应，应当说，本书的藏品给了中国家具史上许多缺失环节以生动的实例，当人们津津乐道于谈论材质时，我仅以自己的良知给那些有志研究中国古代家具的人士提供一些被人们忽视的品类。

我从上世纪80年代末开始收藏山西传统家具，至今已有20多年，英文版的出版也已有12个年头了。现在回头审视本书的选编，尽管个别细节需做一些修订，全篇的思想体系我认为仍能经受得住时间的检验。我应该感谢柯惕思先生收集了丰富的古代木版画插图，并做了大量的研究，支持了我的学术观与历史观，他是执笔者，我是实行者，所谓身体力行。我用自己的收藏实践，表明了我的观点。我更应该感谢王世襄先生夫妇，是他们的支持和鼓励成就了本书的出版。我还应特别感谢赵军先生，是他的热心帮助促成了本书中文版的印行。

伴随着可乐马古典家具博物馆的建成，本书中文版的发行必将给古典家具爱好者们一个新的喜悦，为中国家具史的研究补上重要的一章。

马可乐
2011年8月2日

前 言

前中国古典家具博物馆于 1990 年成立时，马可乐先生是第一位远道而来的家具业者，我们也是在那时初识。当时他已钻研硬木家具多年，在香港云咸街的店铺经手过许多重要的家具，也凭着一股热忱和精深的知识使许多忠实的客户感到佩服。

然而，在 1990 年代初期，由于上等家具的供给数量急遽减少，再加上市场上日渐增多的修复品和赝品龙蛇杂处，马可乐先生对于上等真品的寻求不能不受到阻碍。由于他长久以来就很欣赏黄花梨和紫檀之外的古家具之美，因此也把触角伸进这个尚待开发的领域，在天津设厂，做起仿古家具的旁支生意。马先生为自己的旁支古董业务增添新购品之余，也开始私下保留收集一些特殊的器物，希望有朝一日能建立自己的完整收藏并出版介绍。中国古典家具博物馆当时的目标使他深受鼓舞，但后者在 1996 年收馆也曾使他颇感失望，却因此继续留守挺进。就如博物馆的收藏一样，马先生的藏品也随着时间扩充调整，不断汰芜存菁。

1997 年，当我初次见到马可乐先生的中国家具收藏时，着实对整体的质量印象深刻，也很兴奋看到几件当属早期的实例，可与许多文献、形象和考古的研究材料互相呼应。我们经过多次热烈讨论后，逐渐产生合作出版图录的构想。我立即看出这是一个罕有的机会，能使我跳脱对于晚明和早清"古典"硬木家具的有限焦点，进一步扩展对中国家具的认识。因此，当马可乐先生邀我一同编制本图录时，我实在深感荣幸。

这本图录的诞生，一部份要归功于我和马先生之间的多次深谈，从而激荡出新的认知和洞察。我也要感谢刘思泉和刘振仁两位先生，除了负责带领马先生修复店铺中的一百多位匠师，还要耐心回答我的许多问题和有时不甚灵光的汉语。最后，我要感谢王世襄先生，他的研究领我一窥中国家具的堂奥，并在我短短十年的研究中对我提携良多。

柯惕思

谨识于 1999 年 6 月

山西地区的中国"传统"家具

笔者最近与一家知名博物馆的中国装饰艺术部门馆长聊天，这家博物馆的中国家具典藏颇具份量。正当笔者兴致勃勃地描述一件最近看到的早期榆木髹漆家具时，却被对方泼了一头冷水："喔，那不过是乡村家具罢了。"近20年来众人对"古典"硬木家具（即黄花梨、紫檀、鸡翅木）的喜好日增，却也对较次等材质的家具起了成见。

诸如"软木"、"白木"、"柴木"、"乡村"、"民俗"、"民间"等词，都强调了"古典硬木家具"的优越性；仿佛后者必然与王宫贵族和文人雅士的精致品味有关，而前者则被打入寻常百姓的层次。诚然，两者之间确有差异，而且由于由来已久的帝王专制和文人品味的传统都是偏好珍贵的用材和优雅的造型，更拉大了彼此的差距。然而，目前一般完全由材质论高下的看法，也不是没有可议之处。办过一次"精致"硬木家具展和一次"民间"家具展的柏林娜（Nancy Berliner），曾经下过一个结论："尽管精致家具和民间家具的精致确实泾渭分明……然而两者必须视为一个连续的整体，彼此的构想和审美品味经常互相揉合。"①

可乐居的琴桌（图录106）就是说明这种武断分类的一个好例。由琴架承托着一块共鸣墓砖的独特造型，曾深受明朝(1368-1644年)文人的歌咏，从明初的曹昭，直到晚明的高濂、屠隆和文震亨②等人，莫不击节赞叹。古琴是文人生活的象征。这张案形琴桌显露早期的传统风格，榆木胎还有黑漆的痕迹。尽管它可以称为"软木"家具，却不能和乡村或民间家具画上等号。

若以历史证据和软、硬木的实物互相比较，一幅错综复杂的图像呼之欲出。随着新的发现不断产生，原有的二分法已逐渐瓦解，取而代之的是"中国传统家具"这个更广博的范畴。

古典 + 民间 = 传统

本选藏有几个主题会一再出现。我们会将所谓的古典、民间二分法纳入更广博的"传统"中国家具，然后再细分为"早期"传统风格、传统"古典"或"明式"风格、传统"地方"风格，以及传统"清式"(1644-1911年)风格。"早期"传统风格的特色溯及唐（618-907年）、宋（960-1279年）、元（1206-1368年）和早明，有一望即知的时代表征，不太受地区流风的影响（图录24, 71, 97）。传统"古典"或"明式"风格则与晚明和早清有关（图录 15, 22, 82, 83, 116），而且散见中国各地。传统"地方"则以传统的风格为主，鲜明的地方特征为辅，反映一地的传承和风俗。传统"清式"风格通常是指18世纪、19世纪新发展的家具形制、风格和装饰。上述这些分法并不是绝对，例如石材和树根也必定视为传统中国家具。此外，清朝宫廷家具当可自成一派风格，就是一例，换言之，每一种风格都可以再做细分。

髹漆是一贯的特色

本书要探讨的另一个主题，则是髹漆在传统中国家具扮演的一贯角色。尽管今人常将漆饰家具视为一个不同的传统，但是大部分的中国家具（包括黄花梨和紫檀家具在内）原本都至少涂过一层透明薄漆③。黄花梨和紫檀家具的里侧常有厚层的底漆的痕迹。为什么那里要髹漆呢？这是因为家具的表面也有髹漆。

透明漆加工炼制后会随着时间和温度降解，形成阴沉黝黑的表面。这种化学变化或陈年的因素早已为漆器界熟知，却受到家具学者的忽视。一般认为黄花梨髹深色漆是因为清朝流行在纹理生动的木材上染色，以造成仿紫檀的效果。但笔者认为这种深色漆表，并非髹深色漆而来，而是由于所使用的透明漆或半透明漆随着时间降解变黑，便自然而然蒙蔽了天然的色泽和美丽的纹理。

家具的髹漆技法繁多，例如以透明薄漆突显木器的天然纹理，或是在木胎上打底布漆做灰后，涂上彩漆再施以精美的绘画或镶嵌。山西省从唐代以来即以生产漆器为名④。北京故宫博物院典藏的清代漆木家具大都出于山西⑤，可见质量的卓越。山西家具的髹漆技术将会在下文进一步探讨。

山西省是家具制作传统的文化重镇

最后要探讨的主题则是山西省是家具制作传统的文化重镇，长期受到佛教的浸染，并受到高度发达的商人文化影响。这两者与家具制造传统之间的关联，可以从地表和地底发掘的古代山西建筑文物来探讨。现存元朝以前的木结构建筑有七成五都留存在山西省，其中以佛寺居多。这些古建筑由于设计完整而且工艺精良，因此保存率极高，其中的早期传统家具也随之流传下来，本书有一些图录即是断代为"明或以前"。家具史学者用来考证宋元两朝的考古证据中，也有七成五是出自山西，大部分都是出自佚名人士的精美墓葬。这些墓主极可能是富商贵贾，生前的宅邸亦有考究的陈设。我们将在后文进一步阐述山西行商文化的深刻影响。

断代

本书有几件早期的藏品相当罕见，尽管外表看起来与其他山西家具极为相似，却不应与 20 世纪仍然制造不辍的元明两朝造型相混淆。清朝时，沿海一带追求时尚，家具式样不断推陈出新；相比之下，山西保守的品味显得黯然失色。尽管如此，可乐居的藏品纵贯 8 个世纪，能够提供传统家具编年发展及地区性特色的丰富素材。

本书的目的并非辩论家具的保存及修复，也不是推崇寻常的民间家具，将之拱上高级硬木家具的地位。更确切地说，我们想在更广阔的"传统"中国家具范畴中，探讨两者的关联和共通性。可乐居的收藏正可以提供一个独特的视角来观察其中的异同。此外，家具爱好者也能藉此赏析一批不容忽视的家具收藏，开启进一步研究的大门。

注释：

① 南希柏林娜，1996 年，页 45。

② 详细资料请参见图录 106。

③ 此资料乃来自可靠的维修人员、重要的黄花梨及紫檀家具商人及笔者的观察。

④ 刘集贤等人，页 90。

⑤ 沈富文，页 143，朱家溍和王世襄，图版 196。

山西家具的传承

虽然通称的"山西"家具其实也包括邻近的省份，但是我们可以透过山西省来检视华北的早期传统家具，以及该省独具特色的家具。

山西省由于独具地理优势，天然资源丰富，加上人口多元，宗教传统深厚，形成了丰富的文化传承，这也反映在家具传统上。山西的夏季炎热，冬季干冷，有四个月的气温在摄氏零度以下。两座崎岖的山脉纵贯全省，再加上奔流的河水，地势上易守难攻。长城横亘山西北部，将北方异域的游牧民族和中原的农耕文明阻隔开来，而山西也就成为这两个互异文化交换物资的管道。传统上山西分为北中南三区，西南部的地势最优异，有一段可以航行的黄河，汾河和涑水沿岸形成肥沃的盆地，灌溉良好，且富含盐分。

考古发现证实了山西文化的源远流长。晋南曾出土新石器时代的石器，证明是中华文化的主要发源地之一。传说汾河一带是夏朝贤君的领地（约公元前2200-前1700年）。春秋时，晋南一带为晋国的辖地。该地土壤肥沃，靠近盐产，历来有贤君领导。山西省西南部的曲村皇陵曾出土精雕的玉器，可以一窥晋文化的高度发展。战国时（公元前453-前211年），晋国分为韩魏赵三国，史称三晋。在距大同不远的古赵国领地，曾出土一批雕琢回纹的"李峪"青铜器。

至于山西北部，传说与佛教最早的传布有关。相传汉朝时（公元前206年-公元220年）两位印度佛僧衔命抵达洛阳，拟在五台山兴建佛寺。汉亡后，鲜卑拓跋氏创建北魏（386-534年），在公元386年定都大同。他们迅速吸收了汉族文化，并崇信佛教。大同城郊的云岗石窟雕刻主要成于公元5世纪下半叶，以北魏君主为蓝本在砂岩峭壁上凿出大型佛像。唐朝时，五台山成为天下知名的佛教朝圣之地，在明清两朝更受到君主的供奉。

宋朝时（960-1279年），山西成为军事战略要塞，长期被北方游牧民族连续占领。宋朝皇室在公元1004年被迫与辽（907-1125年）签订领地与进贡条约，后来金朝（1115-1234年）更占领中国北方，迫使宋室南迁，定都杭州。一般认为被掳的北宋王室和宫廷工匠，由于他们的使命感，有助于在女真族文化的统治中保存宋朝的传统。

大同是辽金两朝的南都。统治阶级建立双文化的机构，以平抚汉族人士，同时保存汉文化传统。辽金两朝的君主信奉佛教，在山西省兴建了无数的佛寺。金人的保守和传统性格反映在文学和艺术的传统上，排斥南宋（1127-1279年）的变革创新，而保存北宋和唐朝的传统。

山西是著名的文化遗迹保存地，全省共有400多座元朝以前的木结构建筑古迹。如此惊人的保存率，部分要归功于崇山峻岭的保护与外界隔离的地形，而且当地气候干燥，适合保存木造建筑，再加上早期的木结构完整坚实，因而逃过了无数地震和战火的摧残。

专论小木作匠作的《梓人遗制》一书，也展现了山西小木作匠工的高超技法，可惜如今只剩断简残编。这本书是元初一位晋南的木匠所编纂，其中包含数百幅一般木匠皆能领略运用的制造图稿[6]。在这种环境下，山西的家具制作传统自然打下了坚实的基础。

有一批出自山西墓葬建筑、墓葬文物及壁画的重要考古证据经常为人引用，也与11世纪起的中国传统家具文献记载相关。这一批断代为金朝的遗物 风格，与北宋(960-1127年)以及雄浑浓艳又精巧的契丹和女真的文化一脉相传。大同附近的金人阎德源[7]之墓的明器家具，以及繁峙岩山寺金朝[8]壁画所描绘的家具，都反映了北宋的传统。建筑考究且精雕细琢的金墓常可见到辽金文化中的花草纹与几何纹饰，砖上所刻的家具也极尽雕琢之能事。此外，金墓中常见的三弯腿造型也是自唐以降中国北方传统家具的特色，可见北地影响之深。

山西家具具有便于携带的设计，可能是受到契丹和女真文化的游牧型态所影响。《辽史》记载，王室一年有四次会迁徙到季节性的行宫[9]。桌腿可拆卸[10]或折叠的桌子（图录81）在山西家具中极为常见。此外，山西著名的行商文化也需要食盒等便于携带的配件（图录107, 131, 132）。

由少数几个铺张华丽的明墓看来，墓葬习俗在明朝起了变化。然而，山西仍是三彩明器家具的大本营，尽管更早从元朝墓葬[11]出土的也颇为频繁。这些明代三彩明器的风格与形制反映了数世纪以来的家具流变，也透露了当时认为哪些奢华的陈设值得留到来世。高大的多格面板橱柜反映了橱柜这种形制的早期阶段（图录 117），后期则发展成素面平镶造型（图录 116, 118）。仿建筑构造的床和各种榻也是当时的新式样。在过去十年中陆续发现的明器中，以交椅和小箱的数量最多；前者是地位的表征，后者则是内藏财富的象征。

山西的行商文化根植于地缘优势和人民的投机性格。该省由于位置居中，向来是南北两种互补文化下的商业管道。早从秦朝（公元前 221 – 前 206 年）起，三晋商人就展露了"其财足以金玉其车，文错其服"的富贵和成功[12]。辽金元三朝文饰雕琢的坟墓可说是延续富商的传统。明朝时晋商靠着为大同提供军需用品，以及跨地行商和域外贸易而致富。富商发展成晋帮商人集团，在全国遍设商行。为因应激增商界的需要，集团间协力发展创新钱庄票号，从此金融服务如雨后春笋般兴起。山西钱庄票号首创银票制度，使得资金的转运更为安全，不必再提心吊胆携带银两跋涉各地。

最近的研究显示徽商和晋商的事业是扎根于儒家伦理观念及道德操守。由于他们对社会的影响深远，对经济又有贡献，因此明朝中叶的哲学家曾对敬陪末座的商人地位是否应该提升有过一番激辩。商人的势力尽管庞大，行事却必须保持低调，以免遭受眼红官吏的无端批判和歧视。由于这些原因，这些富商或其行谊都极少留下记录[13]。

不论是背井离乡做生意赚的钱或钱庄服务获利，晋商透过全国各地的晋帮商号将获利资金源源流回山西家乡。晋商按例都会大肆整修宅院，一方面光宗耀祖，一方面也荫蔽子孙炫耀门第。在明清两朝晋商兴建了无数豪门巨宅，其中一些传世的宅院有堂堂数百个房间，数代同堂[14]，每一间都少不了配置上好的家具。

清廷倾覆之际，山西省并没有像南方沿海地区一样，受到大规模的战火摧残和破坏。事实上，满族文化与当地盛行的女真文化息息相关。19世纪的太平天国曾对南中国的文化造成破坏，但山西逃过一劫。从20世纪初直到1937年被日本占领之前，山西西南部的作坊靠着复制早期的雕刻漆器[15]而欣欣向荣，可见当时的经济相当繁荣。山西的许多古建筑和文化遗迹在20世纪仍旧完好无缺，也显示"文化大革命"没有在当地造成太大的破坏。山西省的煤藏丰富，在物资缺乏时代仍可就地提供取暖的燃料，不像其他地区的人家不得不拆除老家具当柴烧以求温饱。

在过去几年中，一车又一车的古董家具陆续从山西运出，其中包括许多上等的硬木或漆木家具。主要的家具商曾透露，全中国的黄花梨家具有两、三成都是来自山西地区。这显示精致的家具制作传统不只局限于江南一地，也出自于繁荣的中原地区。

注释：
⑥薛景石；另见瑞登毕克，页31-32。
⑦大同市博物馆，图录1-6，18-21。
⑧柴泽俊和张丑良合编，页123, 143, 145, 158。
⑨邦克和怀特，页14。
⑩高玉珍，柯惕思，图录62。
⑪文物1962：10，图32-28。
⑫张成德和范堆相，《曹家》，页4。
⑬卢凡诺，页34-50。
⑭张成德和范堆相，《曹家》；《乔家》；《渠家》；《王家》。
⑮刘集贤等人，页91，93。

装饰与风格

山西地区传统家具的装饰与风格既复杂又多变。它承继了唐宋元及早明的"早期"传统风格，偏向保守。此外，传统的"明式"或"古典"风格也一直延续到20世纪（图录18）。浓厚的地方乡土特色则可溯自辽金元三朝的契丹、女真和蒙古文化的影响，因为山西地区有400年（916-1368年）的时间纳入三朝的版图。不像一般典型的清式家具，山西的清式家具则偏粗犷尚古，充分反映了当地的民情。

中国各地并存的传统家具风格之所以趋于统一，与宋代起透过刊印而传播制造构想和标准不无关系。《营造法式》（1069年）[16]、《梓人遗制》（1264年）[17]和明朝木匠宝典《鲁班经》[18]都是木匠界流传的读物。唐元明三朝以役代税的制度，也起了不小的作用。早明时，全国工匠每隔三年要进京服三个月的劳役，根据当时官方制定的规格标准制作器物，彼此也免不了切磋琢磨。明朝的书籍刊印和以役代税的制度，对于传统风格和官方标准制的木匠技艺在中国及邻近各国的传播与发展，都有一定的影响。

传统的"地方乡土"风格则反映了地区文化的传承。除了保存早期传统的保守心态之外，山西的本土特色还承继了北方的游牧文化。尽管中华文化当道，辽金也擅长以"一国两制"的做法保持自己的文化。在装饰艺术上，北方游牧文化也具有"雕琢浓华、沉稳凝重及多层次"[19]的鲜明特色，而这些正是"山西地方乡土风格"。浓华密实的花草纹、透雕多元几何图形和蜿蜒的三弯腿，都是山西省辽金器物的特征，当地出土的陶瓷明器家具也能看出与实物的关连。这些造型上的特色，加上当地的木材及精湛的制作技术，进一步彰显了地区性特征。

在这种背景下，我们将探讨一些基本乡土的及早期传统的特色。

花叶纹风格

花叶纹风格是某些山西家具的特色，前例可见于辽金的陶器、玉器、个人饰物、织品、壁画、砖雕等等。山西出土的金朝墓砖上所雕刻的家具，常有繁枝茂叶衬托单朵花卉及卷叶纹（图一）[20]。类似的花纹也可见于架几供桌的绦环板（图录55）以及早期抽屉柜的抽屉脸（图录102）。大屏风（图录142）和楠木香几（图录98）的牙条也有类似的蔓生卷叶纹。墓砖家具上牙条凿以深浅大小不一、玲珑曲伏的花叶纹，可与一张早期的三弯腿香几（图录97）相比。

金墓的雕刻上（图二）常见蜿蜒曲折的三弯腿，可以与图录54和58饰以初生新叶的供桌腿子相比较。17—18世纪乡土式座椅的站牙（图录25, 26）和19世纪的食盒（图录132）也有类似的花叶纹装饰。这些都可以归于《鲁班经》[21]所载的早期家具术语"转鼻带叶"。

花叶纹饰也融入了早期的罗锅枨造型（图二）。两张早期桌案（图录84, 86）的罗锅枨从初生的嫩叶向上拱起顶贴牙条，代表生生不息。核桃木春凳（图录14）的罗锅枨也有类似造型，显示这种风格一直延续到19世纪。

图一　于山西省金朝陵墓（1211年）挖出的椅子、架子、桌子刻砖绘图

图二　于山西省侯马市金朝陵墓（1210年）挖出的弯腿桌、高腰凳、站立屏风刻砖

三弯腿

本书摘录的器物中约有一成都是三弯腿造型。山西省12世纪晚期及13世纪初期的金墓中频频出现三弯腿的桌案与几（图二）。更早的实例可见于辽代（约1038年）所建的大同华严寺薄伽教殿内的供桌（图三）。这些造型夸张的S形和图录54及58的供桌颇为相似。晋北的金人阎德源之墓（1189年）出土的面盆、火盆架模型明器，也可与早期香几（图录97）的三弯腿相比，后者婉约的造型反映了南宋文化的影响。山西省金元两朝之墓壁画也描绘了榻（图四）、抽屉桌（图

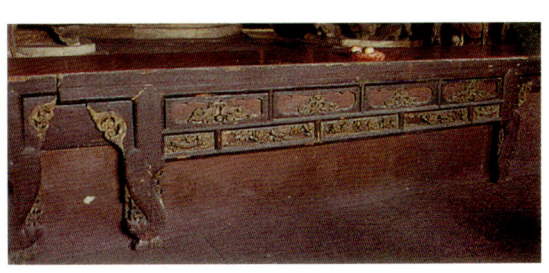

图三　于大同市华严寺薄迦教藏殿的辽代（1038年）祭坛桌

19

五）和炕桌（图六）上低矮的三弯腿。抽屉柜（图录102）的低矮三弯腿可能和《鲁班经》所谓的早期风格"豹脚"有关[22]。

如意装饰

如意及其变体广见于中国各地，但是在山西地区尤其普遍。如意

图四 于山西省孝义市下吐京村发现的金代（1197年）弯腿卧榻壁画

图五 山西省文水市北峪口村的元代（1961年）抽屉桌壁画

大体上与祥云和灵芝造型有关，前者向来与甘霖和祥龙之地相关，象征着吉祥幸福；后者则成为长寿不朽的表征。16世纪中叶，嘉靖皇帝寻求长生不老妙方，动员全国百姓搜寻这种神奇的仙菇[23]，使灵芝成为广受欢迎的纹饰。在家具装饰上，靠背板的开光（图录33, 34, 35, 42）、亮脚（图录27, 35）、牙头（图录60, 69）、侧板（图录57, 60）和金属配件（图录39, 109, 114, 130）都可以见到各种造型的如意。如意纹的另外用途，下文将会讨论。

图六 山西省孝义市梁家庄的元代（1297年）弯脚炕桌壁画

本藏品中的两件香几（图录97, 98）和一张方桌（图录87），腿肩处都以如意形垂片的牙条覆盖。造型这么精巧、讲究的桌型结构通常只限于举行仪式用的三弯腿的几和桌，不过传世的实物却相当罕见[24]。金墓砖雕上（图一）的桌椅亦有半边如意造型的牙条。可乐居的几件座椅上，券口牙条也刻有类似半边造型的凸橡，带有显著小钩（图录24-27）。这种力道遒劲的带钩线条在19世纪的南官帽椅（图录33）上渐趋柔和。金代壁画（图七）描绘的桌案，在腿部中间饰以突出的如意纹饰。山西一带流传很多插肩榫的桌案，一个典型实例是一张17-18世纪桌案（图录83），腿侧造凸橡状如钩，并刻有迸发的芽苞。

如意、云纹与卷纹足

宋元（图八）和明代的绘画经常描绘以如意或云头足做终的家具，可是传世的实物极少。这些细致的腿足显然无法流传久远，几个世纪之后甚至完全消失。

图七 位于辽宁省朝阳市的金朝（1194年）陵墓中的壁画细节图

图录 71 的桌子很难得保留了细致的足尖，极可能是明以前的风格。四面平桌子（图录 75）和带屉朱漆供桌（图录 86）的腿足都显得极为阳刚，而且它们突出的钩状轮廓离地稍远，以避免日后损坏而消失。

插肩榫酒桌（图录 83）的马蹄形腿足上有如意浮雕，并立于莲形托子上。其他类似的桌案（图录 80）也有相仿的安排。三弯腿常以外翻的如意做终（图录 8，9），这在金朝墓砖的雕刻上也很常见（图二）。图录 8 展现的腿足像如意杖。图录 95 的核桃木半月桌，腿足上的叶状如意紧抱一小球。

与圈背交椅相连的踏床（图录 39）腿足内卷，则是另一种早期的传统风格。图录 47 和 53 的晚明床榻也有类似的腿足，造型优雅婉约。

图八　转脚桌细节图（图录 76）

委角

委角是山西家具的常见特色，它呈现虚、实一体两面的轮廓美；从实面观有界之涯，由虚面察其空灵之形妙，它也可用来塑造线脚。这种装饰手法在宋元明三朝都曾广泛运用，并非山西家具的独门特色，而清代的山西家具（图录 9，122）继续沿用委角，显示当地偏好这种早期的传统风格。

实面委角的精巧轮廓，往往是匠师们不遗余力追求细腻圆润的效果。图录 142 的大型座屏风上端即刻成委角，宋朝至晚明的木刻及绘画也常看到类似造型的屏风。图录 97 的三弯腿香几桌盘也造委角，沿边并起拦水线。图录 72 的花形桌也展现了以造型取胜而工艺次之的早期风格。桌子上面的花形轮廓不仅经由角落踩委角而直下腿足，同时也延续拉向到宽敞的牙条，而后者沿边挖缺的曲伏与中间小尖头的断面实为难得一见的造型。

可携式食盒（桌）（图录 107）更发挥了委角的极致。带盒盖的食盒（桌），四面立墙起凸面，四角踩委角，内有分隔成十五小格盛盘的四角亦是如此。每小格都起委角和涂漆，除了赏心悦目，更便于清理。此件器物充分展示了设计的巧思与制作技艺的精湛。

有一早期传统的装饰手法，在牙板或牙头上镂挖向外的尖角（壶门尖），亦称出尖，从留白的空间反观就是委角，常用于装饰桌型结构（图八）。山西大同出土的元朝壁画（1265年）上的桌子，即可见到这种尖角（委角）的前例（图九）。图八桌子的牙条造弧肩，顺势转入向外的尖角后曲弯至桌腿。可乐居收藏的三张桌子（图录66, 73, 76）和一张榻（图录45）也有类似的造型。由家具造型的演变不难看出，愈早期的家具，出尖的部位愈高，甚至分离为二。

两张相当早期的桌案（图录71, 80），也在腿柱四角和直掌上施行大量的委角线。在图录80腿柱内角起的委角线也一气呵成，直下装饰云形足的轮廓，衔接明快利落。

线脚

图九 于山西省大同市出土的元代（1265年）桌子壁画

"竹线"[25]、"碗底线"[26]、"棋盘线"[27]和"剑脊线"[28]等词，都是从明朝《鲁班经》流传下来的家具制造名词。检视这组早期家具的收藏，有助于我们进一步认识这些传统的线脚。

"竹线"是指素凸面（又名混面）或半圆形的线脚（图十a），其柔和圆浑的线条常适用于椅座的边缘（图录1, 5, 7, 15, 16, 18, 19, 21, 29, 30, 32），在桌面比较少用（图录88, 90）。两对16—17世纪椅子的座面边框采用双层混面线脚（图录24, 28），可谓相当早期的使用范例，似乎预期广为流行的后17世纪。

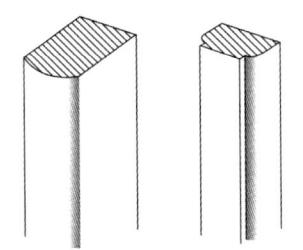

图十a 毛竹线角绘图　　图十b 碗底线角绘图

"碗底线"，顾名思义，因状得名，无需赘言（图十b）。《鲁班经》中记载这种线脚用于算盘框的上沿。本书的一些桌案的托子也有类似的线条造型（图录56, 57, 60, 95）。

"棋盘线"，失落的术语，尚待解开文字由来，按《鲁班经》的描述则指边框构件和掌子边缘的线脚（图录71, 84）。它指的很可能是前述的委角线，例如橱柜的边框构件（图录122）和桌案的双掌（图录71, 80, 84）（图十c）。早期实例[29]中常见一种变体，有委角修饰外，还在宽阔表面的构件上打洼面（图十d）。

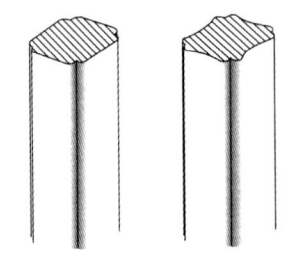

图十c 委脚线绘图　　图十d 凹面委脚线绘图

"剑脊线"，因状得名的术语（图十e），最早可见于南宋一张墓葬石椅的掌子[30]。在看过较早期犀利的棱线轮廓后，对晚明和清初许多家具采柔化的脊棱断面就有更深的认识。大型座屏风（图录142）的边框构件在前后两面都有锐利的脊棱突起（图十e）。香几在高束腰托腮上的剑脊线角（图录97局部图）则更是棱角分明。图录54供桌的辅助边框构件也有异曲同工之妙。在一连四张抽屉桌（图录102-105）中，12—13世纪实例的附属边框构件也有突显锐利的棱角轮廓，至于明和早清的范例比较圆钝，18世纪的范例甚至完全磨圆。

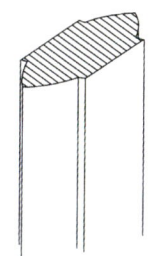

图十e　剑脊棱绘图

绦环板

"绦环"一词是形容狭长的装饰板，通常以水平方向摆设为多（图十一）。《鲁班经》用这个词来描述大屏风[31]（图录142）、高束腰桌案[32]（图录78, 86, 87）、香几[33]（图录97, 98）、衣架[34]和鼓墩[35]上的装饰板。绦环板常见于高束腰结构和早期多格面板式的门扇（图录114, 117）、架子床上端（图录53）和抽屉面（图录54, 86, 114）。凡使用绦环板的这些或其他家具都和中国各地的"早期传统风格"有关。

常见绦环板的装饰技法有浮雕（图录102, 103）或透雕（图录142）各种装饰性图纹，也有只上底漆的素平地浮雕（图录86, 104）或板面开孔的透雕（图录87, 97）。板上突起的传统饰边雕刻包括委角形（图录103, 104）和海棠式的变体，鱼门洞（图录6, 25, 26），也可以是带壶门尖的鱼门洞（图录54, 97）（另见图四十）。

图十一　绦环板闷户橱细节图（图录104）

另一种绦环板的装饰技法可见于两张早期的抽屉桌（图录54, 86）。绦环板开花纹透孔（挖绦环），抽屉侧面立板上漆，由透孔反射出里面抽屉的漆色，造成多层次的视觉效果。

几何透雕图案

在同一件物品上采用各种不同的几何透雕图案，是早期山西家具常见的传统特色（图十二）。广被古今文献记载的辽代华严寺薄伽教藏殿中的拱桥楼阁，就有建筑式的透雕围栏[36]雕饰各种几何图案。从山西侯马及他处出土，属于12世纪晚期、13世纪早期的金墓中，门扇、窗扇都刻有繁复的几何图案[37]。图录54供桌的绦环板透雕古钱、渔网织和曲尺等刚阳图案，并另外安插了柔性的花卉雕饰，也许是为了与这些透空的几何图案犀利之感稍做平衡。大型座屏风（图录142）上

图十二　明朝大屏风穿洞几何图案细节图（图录142）

端和两侧的绦环板也杂陈形形色色类似的透雕图案，包括卍字和斜十字纹（图十二）。图录 26 这一对有显著乡土风格的南官帽椅，也在靠背下方设置两段横向的小栏杆，透雕渔网织的图案，充满地方特色。高挑的方角柜（图录 127）则以成串的古钱透雕作为吉祥图案来装饰可拆移的门扇。这种精美的木件透雕传统应与流行的剪纸工艺影响有关，也反映了人们对财富的一种期待，在汉代曾经广为流行的青铜摇钱树正是这种根深蒂固观念的写照。

瓶竹形联帮棍

山西的许多扶手椅常在扶手正中央安装一根状似瓶中竹的立柱（图录 16, 24-28, 32）。中文的"瓶"谐音"平"字，也意味着"平安"，而常青耐久的竹子则是长寿的象征，两者合起来有"平安长寿"的寓意。竹子的弹性、坚挺、笔直和实用的中空竹节等特性也被赋予许多相应的美德（译者注：韧性，坚毅，正直与虚怀若谷的人格）；因此也有竹报平安的联想（竹＝笔＝写家书报平安；或竹谐音"祝"，报谐音"抱"＝祝抱平安）。晚明南京的木刻版画中，也把南官帽椅的扶手画成竹节形的联帮棍（图录 26, 27）；图十三中，瓶竹形联帮棍上端加上荷叶，则有"和平"的寓意。

竹节状矮老

高束腰上的短柱形矮老有时会刻成竹子形，早期实例之一是山西大同一座早明的九龙壁屏风墩（1392 年）。这座三彩釉瓷砖屏风，是明太子朱桂王府前照壁的唯一遗迹。一张 18 世纪半月桌上的高束腰也有类似的竹节状矮老（图录 95）。这种早期装饰主题在华北一带的黄花梨架子床的高束腰上很是常见[38]。

外来装饰

山西家具有一些罕见的装饰主题，可能反映了异国文化的影响。

图录 55 的架几供案刻有小儿捧着吉祥珍宝，跨骑在狮、虎、鹿或大鸟上，这些动物都属于上古珍奇异兽的造型。孔雀并非中国常见的典型装饰主题，但在印度向来是吉祥的瑞鸟，也可能是源自于早期

图十三　官帽椅竹型连邦棍的细节图（图录 25）

的佛教东传和同化的传说有关。圆板周围的花卉纹相当罕见地以漆灰腻子制做浮雕。某些灰泥剥落后，露出打底的墨迹。供案的小足匠心独运，做成倒转的鸟头，并以鼓钉来做鸟和上端面板麒麟的眼睛。这件作品揉杂了汉族传统的主题和金元朝为主的胡人装饰元素而成。

北方的游牧民族不论是逐水草而居，或是与人征战，都和马匹脱不了关系。图录103抽屉脸上浮雕天马驰骋于波浪和云端之间，展露了人马之间深刻的依存关系。事实上，宋朝的《营造法式》就有这种装饰主题范例（图录103）。抽屉桌下端的中央绦环板刻有一牛转头过肩凝视天际，两侧则有绿叶衬朵花的图案，这些都不是中国传统的造型。

图录64的架几供案也引发了风格影响的有趣问题。受过西方文化训练的人，一眼就能从中看出1930年代的"装饰艺术"风格（art Deco）（又名：立体派装饰），很难相信它们竟然早在1世纪前就已问世。究竟这是"装饰艺术"的先例，还是近代的山西作品，受到1930年代风行上海的"海派装饰艺术"风潮所影响?

注释：
⑯ 李明仲。
⑰ 薛景石。
⑱ 瑞登毕克。
⑲ 拉英，页119。
⑳ 严慧娟，页16。
㉑ 瑞登毕克，II 71。
㉒ 瑞登毕克，II 47，72，72，72，74，74。
㉓ 推彻特和范班合编，页481~482。
㉔ 其他黄花梨及松漆例子，请见王世襄，（1986年），页131；安思远，（1996年），页128~31；李汝宽，页306~307；and 布鲁斯，1991，页100~101。
㉕ 瑞登毕克，II 31，II 51，II 75。
㉖ 瑞登毕克，II 86。
㉗ 瑞登毕克，II 31，II 59，II 64，II 91。
㉘ 瑞登毕克，II 51，II 64，II 65，II 79。

㉙ 请见图录84明代朱檀墓（1411年）中的桌子绘图。

㉚ 陈增弼，（1997年），页47。

㉛ 瑞登毕克，II 31。

㉜ 瑞登毕克，II 46。

㉝ 瑞登毕克，II 73，II 74。

㉞ 瑞登毕克，II 55。

㉟ 瑞登毕克，II 58。

㊱ 李玉明合编，页63~64。

㊲ 拉英，页79。

㊳ 柯惕思，（1996年），页58~61。

髹　漆

髹漆可说是中国传统家具的共同特性。自古以来，中国各地的家具完成后大都会上漆，以使表面耐久保存，并具有装饰效果。有些出土的器物历经两千年而不坏，有时几乎和新品无异。但是日常家具的表漆却很难在一百年后仍然历久弥新。遗憾的是，由于陈年和磨损的漆表很难恢复，因此为了经济考虑，常会牺牲旧有断纹的漆表。一旦剥去表层，对象的价值就会依木胎的质量而调整。若重新以有色蜡打磨处理，家具就像退尽光华，染上了"中国乡村家具"的味道。

山西省的漆艺传统自古闻名。平遥早从唐代[39]就开始生产大漆饰家具，西南部的稷山也从宋代[40][41]开始制造嵌螺钿的漆器。14世纪晚期的大地主沈万三[42]和16世纪的宰相严嵩[43]被抄家时，都抄出很多这类的家具。根据当时对这些家财的估价，漆木家具远比硬木家具更珍贵。17世纪初期硬木家具逐渐流行时，文震亨所偏好的家具是"杌……有螺钿朱黑漆者"，"经橱用朱漆，式稍方，以经册多长耳"，以及"方桌，旧漆者最佳[44]"。雍正时期大内工坊制作的家具大都有髹漆[45]，北京故宫博物院的几件明清漆饰家具也都是出于山西省[46]。20世纪早期，山西新绛一地的雕漆复制工坊林立。1917年，一群平遥的漆匠组成了合成泰漆铺，专门维持早年的漆艺传统，当时的许多漆器如今都成了西方的收藏品[47]。

尽管现今一般认为漆饰家具的传统千文万华，应该有别于硬木家具，但是大部分的中国家具，包括绝大多数的黄花梨和紫檀家具在内，原本至少都上过一层薄漆[48]。一般人对于硬木家具表漆的认识不深，主要是这层漆因为以下几个因素而被去除：（一）状况恶化而难以复原。（二）清朝中叶宫廷崇尚紫檀，民间效尤，伪装品充斥，人们因而误以为所有那些随年代变黑的漆家具为紫檀赝货，便去漆还以本来面目。（三）随着时间变黑的漆表遮蔽了天然的美丽木纹。漆专家均同意，透明漆会随着年代而变暗，形成黄红、红棕到棕黑不等的色泽。但是许多硬木家具专家都忽略了这一事实，而认为硬木家具的传统处理手法是以打蜡来磨光表面。事实上，这可能只限于20世纪初期在北京的西方收藏家所偏好的修复手法之一。此外，尽管苏州被视为上等硬木家具的主要制作中心，但是漆专家早就指出，当地习惯以透明漆为家具打光[49]。

生漆是从中国各地的漆树（Rhus Verniciflua）撷取而出。新鲜的汁液浓稠而呈乳白色，暴露在空气和光线之中，会转成自然的色泽，如琥珀色、紫红、红棕、棕色及黑色等。漆质量和色泽的变化主要取决于采漆的季节、原产地和漆树的大小。经过滤和蒸煮的工序后，生漆会变成稠浓的半透明熟漆[50]。18世纪一幅手卷的局部图，描绘两人在大型的浅盘内制炼家具涂漆（图十四）。大盘子有助于生漆充分暴露在空气和光线之下，然后再用木棒连续几小时搅拌使水分缓缓蒸发，以达到理想的透明度和黏性。

图十四　清乾隆元年（1736年）陈枚等画家所画清明上河图手卷中的松漆店细节

反复涂刷薄漆的器表，一经干固后会形成经久耐用的漆膜，既坚韧又能防水和其他粗糙物质渗透，在一定温度范围内耐热、耐酸，性能优越稳定。漆质的优劣以及透明度的好坏、色泽均匀度、漆层平滑度和光泽明艳与否等取决于漆产地、过滤的次数和过滤网层次、蒸发后的湿度，以及储存的技术。当然涂刷的过程也非常重要，除了采用恰当的反复髹涂技法，还要小心除去尘土，并在适当的环境下阴干，每道工序马虎不得，方能达到满意的结果[51]。

王世襄最近曾指出14种为家具上漆的技法，包括以透明薄漆展露天然的木质纹理的简单技法，或在漆灰底胎上髹色漆，再施以精美的描绘或镶嵌[52]的繁复技法。可乐居的许多藏品都保存了原始的表漆，虽然技法种类不及王世襄指出的多样。下文将一一详述。

透明漆、半透明漆

中国各地家具广见的红褐色薄漆，是天然漆精制后的产物，不过品种质地和精制技法却有高下之别。王世襄曾指出，"榆木擦漆"是中国北方榆木家具常见的表漆，先在榆木家具表面涂上紫红色颜料，然后再罩上一层加油（通常是桐油）[53]调和过的半透明漆。这套山西榆木藏品也有相似的表层色泽，但颜色似乎与漆料同为一体，也许是出于漆料的天然色调所致，或是漆膜因年代久远而变暗所致，也可能是漆料掺着色素使然。传统的透明漆，称作"明膏"，是生漆与百分之五十的精制桐油调和而成；桐油为知名透明剂的一种，混合后会转为透明；或可添加色素而制成有色漆[54]。天然漆随着时间、日照、老化变暗的过程由半透明转为红褐或黑檀色，这早已是众所皆知的事实[55]，历来的鉴赏家也以此作为断代的依据[56]。

柏木画桌（图录67）和两用火盆架炕桌（图录140）的红褐色表漆已经变质，然而若把后者的桌盖卸下，却看到内侧依然色泽如昔。18—19世纪的抽屉柜（图录105）和19—20世纪的圈背交椅（图录44），也保留了原有的红棕色漆膜。这类带有色泽的半透明漆膜虽然能显露原有的木纹，却也能遮掩不同木料拼装的表面差异，因此常常是这类杂木拼装家具惯用的粉饰手法。山西家具常见棕黑至黑色的薄漆，可能是一种当地天然漆料的原色，也可能是因为当地富含铁矿，而以氧化铁做为色素（图录70, 89, 122）。图录54的早期供桌和图录142的大型座屏风，也显示早期使用双彩薄漆的传统，漆色"很像"是使用色料后的效果。不过这些成分的细节还有待进一步的科学分析来揭露。

对于纹理生动或其他的珍贵木料，可以用两种基本的透明漆（又称清水和水磨）来突显天然纹理。除了上述的桐油混合漆（明膏）外，透明漆的制法也可以精心挑选明亮度高的原料漆，例如大木漆树，或某特定地区出产的大木漆，以严格的加工炼制工艺，调制出最好的透明度。

20世纪初北京专研漆器和相关技法的李汝宽，指出中国南方普遍以擦漆（透明漆）为家具揩光，而北方则偏好上蜡[57]揩光。但后面这一点需要进一步考证，而且可能只限于20世纪初北京硬木家具的修复家和收藏家。例如山西省中北部的古董家具就少有打蜡的痕迹。话虽如此，20世纪中国家具的其他来源进一步证实了江南家具制作商偏好使用淡色透明漆，如湖北省恩施地区[58]生产名贵的琥珀色"毛坝漆"。一些以榉木或黄花梨等纹理生动的木材制作的苏州家具还保留了完好的透明表漆，可以作为证明。这类表漆也可以见于北方产地的家具。

纹理斑斓的山西楠木大柜（图录125）曾髹有一层透明薄漆，但如今已荡然无存。图录 95 的核桃木半月桌则保留原始的薄漆痕迹，在桌面上的拦水线一侧仍存有几近齐高的、平滑厚实的黑漆面[59]。

加工炼制过的透明漆随着时间变质后，会还原成原来的性质。有些人却执意曲解这种漆色的变化，并推测清朝中叶崇尚以黄花梨家具髹涂色漆模仿紫檀[60]。这种说法在深色漆膜除去后似乎言之成理，但是我们也可以合理地主张，这些黯沉的表漆原本是透明漆，从相应的底漆更可以做为佐证。

一色漆

中国自古以来，就曾以朱砂和铁矿制成不透明的朱漆和黑漆。可乐居的藏品中，黑漆家具保存的数目远胜过朱漆家具，和古代漆器的情况如出一辙。黄漆或绿漆则较为少见。

除了颜色之外，一色漆的应用一般可以分为刷在打底糊布做灰所谓大漆的厚漆灰层上，以及刷在没有糊布的薄漆灰层上两种。前者的方法较为费工，在宋明风行后逐渐没落，后者则广见于明清两朝。细致的断纹和温润的色泽向来是数世纪以来鉴赏的重点。

一件 16 世纪的桌子（图录 77）保留有光莹的黑漆，并呈现细致的"蛇皮"断纹（图十五）。家具通体打底并以漆裱糊纤维丝，另外在接榫的部位漆糊细布加固，然后再涂上黑漆。另一件 16 世纪的酒桌（图录 84）也是黑漆和竹叶石的清丽组合，由图十六局部揭露了在黑色漆表下有疏织布裱糊整胎。16—17 世纪的朱漆南官帽椅（图录 21）则在夹有细织糊布的漆灰层上刷朱漆（图十七），如今已转成古雅的红褐色漆，并遍布细纹。若与图录 23, 32 两对 17—18 世纪和 18 世纪的朱漆座椅相比，两者的漆品差别立见。后两对座椅的颜色鲜艳，缺乏前者温润内蕴的深度，底漆层也没糊布。

图十六　黑漆薄纱底漆酒桌细节图

图十五　云石面边桌裂纹黑漆细节图（图录 77）

图十七　官帽椅裂纹红漆细节图（图录21）

漆灰

漆灰的底层通常是垫有一层布，浸透浓厚的漆糊后牢贴在木胎上。李汝宽指出，这种标准技法在宋朝很常见，称为"夹纻"[61]。有时候漆布会覆盖整个表面，有时只在接榫的部位糊裱布条，以防止家具因使用、移动而脱开接缝处。这些布料有疏织的细麻纱布，也有密织的亚麻布。许多现存实物所用的布料，常见染成蓝色或蓝绿色，李汝宽认为这是过去使用旧布料的传统使然。原本是为了掩盖污点而染成蓝色，结果大家习以为常，也把新布料染成蓝色[62]（图十八）。另一种常见技法是所谓的披麻灰，以麻纤维筋混合生漆后涂刷胎底，再施以层层漆灰，藉助麻纤维的延展力和漆的胶着度，使木胎与麻灰层牢牢结成一体，不易因木料的涨缩而松裂、脱开接缝（图十九）。图录114的黑漆圆角柜将一股一股的麻筋匀整地糊贴在底胎表面，是一种罕见的技法（图二十）。

漆灰层通常是由生漆加上灰浆混合而成。这浓稠的漆灰涂层深具黏性，稳定而坚硬。明朝的治漆论著《髹饰录》曾记载，灰料可以角、骨、壳、石、砖陶、炭磨成。近来的数据也显示晚清曾以猪血代替灰漆，造成低劣的漆灰层，漆膜更易剥落[63]。

图十八　黑漆蓝染布料底漆的南官帽椅（图录29）

图二十　小A字柜露出的底层披麻布细节图（图录114）

图十九　柏木酒桌的底漆同露出的披麻布细节图（图录82）

漆灰要刮上数层，并等待每一道漆灰干燥后，用研磨材料打磨，反复工序直到表面平顺为止。待所有接缝缝隙被封包、凹陷被补平、木胎纹理的疵缺和不吻合的接合面等都处理妥当后，就会涂上更精制的表漆。每涂一层精制漆，就会以更细致的研磨材料打磨，以消除气泡、刷痕与毛孔。为了形成深邃光莹的表面，最后几层表漆会以棉花球小心涂拭，称为揩漆[64]。

家具的看面若有髹漆，里侧通常也以涂漆包覆。桌案的底侧及橱柜的内侧常以上述类似的方法涂抹厚漆。有时通体布漆做灰漆，但大部分只是在接榫处裱糊布条，再批上夹麻丝的漆灰料。这种经济实惠的做法不但可以密封整个表面以免因湿度而收缩变形，也能避免板条翘曲。两张插肩榫酒桌（图录82，83）和带管脚枨的柞木画桌（图录66）的看面髹薄漆，里侧则完全布漆或仅以布条包缠接合点再涂上层层漆灰，或是底侧全部批上夹麻丝的漆灰料（图十五—二十）。硬木家具常以这种里侧髹漆的方法来平衡看面的透明表漆，不过通常只有里侧的漆膜保存下来。

多彩装饰

上文讨论有色漆时曾简单介绍了多彩装饰。山西家具有一个特色，就是在黑漆表面以朱漆做细部勾勒。当然，这种古老的配色可溯及上古（战国、汉朝）的漆家具。不过，有一组山西地方风格的椅（图录25—26）、凳（图录6）和桌（图录87），其上的漆饰和雕刻都很相似，可能是出自同一个作坊。

另一组家具则包括圈椅（图录36）、条桌（图录78）、抽屉供桌（图录61），均髹饰黑色薄漆，雕刻细部则以朱地描金来突显。这三件家具都有乾隆朝（1736—1795年）的特色，供桌上且有款识。

其他漆饰工艺

漆木家具常会以传统的主题和构图做装饰，由此需衍生出多种技法。"填漆"是在漆地上雕镂图纹后，嵌涂数道厚实的色漆并磨平与漆地齐平。一个罕见的范例是晚明的卷书式条几（图录63）。虽然桌面已有磨损，但是基本的构图却因为层层的填漆保护而未受损坏。

桌面上木兰和梅花斗妍，梅枝的末梢有两只小鸟相对凝望，风格近似于宋朝的水墨画。然而，因为板腿卷足位处两侧，其精致的纹饰细节和颜色几近无损，使人联想到桌面原始的风格。

"描金"是晚明盛行的技法，在光亮的素漆地上彩绘山水花鸟景观，再以细致的金线作勾勒。这种装饰施于表面，因此完成后会罩层透明漆以保护描金，但薄层的保护漆膜还是难抵经年累月的磨损。例如，崇祯时期黑漆描金箱（图录129）上的描金早已剥落，要不是上盖内皮的款识指出它是八件黑漆描金箱之一，我们可能不会注意到表面已褪色的风景和花卉。图录143的黑漆描金屏风，尽管表面的装饰已经无法辨识，但是主屏风上还保留一幅风景画，亭台楼阁之间有人影穿梭（图录143）。图录114小型圆角柜面上的装饰已不复见，不过柜帮和背面装饰大体保存完好，前者描绘山水人物及远处屋宇，后者庭园梅花簇簇，太湖石旁生翠竹，属于晚明典型的画风。晚明的一对官帽椅（图录16）以彩绘描金，描绘了传统的春水与秋山行猎图，这题材反映出辽金的文化特色[65]。尽管两张椅背的画面都已磨损，但在春水图中依稀可见一只猎鹰俯冲而下，袭击藏在池边芦苇中的野雁。同治（1862-1874年）和光绪（1875-1908年）年间的两张仿明式官帽椅（图录17，18），由年款明白地显示以风景画装饰靠背板的作画传统从19世纪一直延续到20世纪初期，不过描金的下场同样是几不可见的。这几个范例显示在椅靠背上作画有长远的历史，而且从剥落的装饰推断，其他实物原本也有类似的装饰。

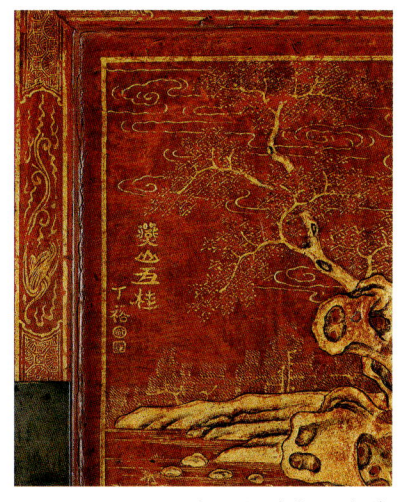

图二十一　亮格柜外部红漆装饰细节图（图录119）

19世纪的朱漆描金柜（图录118，119）倒是完整保留了柜面明亮的风景画，运用"堆漆"技法，用白漆、黑漆和金漆在红漆地上"堆出"厚薄层次不同的花纹图案，型态微妙如浮雕，洋溢着富贵、喜气的装饰效果。图录119一对朱漆柜上的四面门板以风景和庭园背景衬托古老传说中的人物。每一幅都有题识注明标题及临摹的原画家（图二十一）。图录118描金柜上屏风式的平镶门板则以"对幅画"的形式，构成一片绵延不绝的风景。王世襄曾指出这类装饰有时会以银、锡箔或银、锡粉代替金箔或金粉，再罩上一层黄褐色漆[66]，俨然似金，有时却能鱼目混珠，使人习焉不察。

33

补漆

大部分超过一世纪的古董家具免不了疏于照顾或滥用。以往家具维护的方式，顶多会在旧漆上加涂一层新漆。有些人也会来个改头换面，在旧貌上直接涂装新风格。例如图录 97 的香几在部分黑色表漆剥落后，露出原来的朱漆地。由新髹黑漆面上的描金风格看来，修复应是发生在晚明。

现代修复作坊常见的做法是先将旧漆（随年代变黑及经年使用、磨损而变淡造成器表漆色深浅不一）磨去，然后再重新上漆或打蜡。晚近有保存观念的修复师傅才逐渐发展出修复旧漆的技术。

注释：
㊴ 刘集贤等人，页 90。
㊵ 宋金龙，页 349。
㊶ 波德利，图版 158，159。
㊷ 戴维，页 148~149。
㊸ 克劳那斯，（1996 年），页 23~25。
㊹ 文震亨，卷 6，页 236；卷 6，页 238；卷 10，页 355。
㊺ 朱家溍，页 353~363。
㊻ 沈富文，页 143；朱家溍与王世襄，图录 196。
㊼ 刘集贤等人，页 90。
㊽ 此资料乃来自可靠的维修人员，重要的黄花梨及紫檀家具商人及笔者的观察。
㊾ 李汝宽，页 286。
㊿ 陆志荣，页 124；详细松漆处理和上漆程序请另见陆志荣，页 123~129。
㊼ 陆志荣，页 126~129。
㊾ 王世襄，（1999 年），页 26~35。
㊾ 王世襄，（1999 年），页 27。
㊼ 陆志荣，页 125。
㊽ 戴维，页 103。
㊾ 李汝宽，页 35。
㊼ 李汝宽，页 286。
㊾ 陆志荣，页 124。
㊾ 此处理与前王世襄收藏中的紫檀画桌相似，请参见王世襄（1986

年），图录 108

㉖⓴ 王世襄，（1990 年），卷 1 页 155。

㉑ 李汝宽，页 26。

㉒ 李汝宽，页 24。

㉓ 陆志荣，页 124，亦见宋金龙，页 348。

㉔ 陆志荣，页 126~28。

㉕ 杨伯达，页 9~16。

㉖ 王世襄，1991，页 27。

家具制作的传统木材

在中国家具中，"软木"一词是指制作家具的本土木材，一般来说，不如黄花梨、紫檀及红木等热带硬木那么坚硬耐久。这种分法和西方的认知并不相同。在西方，软木通常是指木质软、长青的松、杉、桧等；而硬木则是落叶性乔木，硬度不一如核桃木、樱桃木和橡木等。但是后者在中国传统中却被归类为软木。

早在这种分类系统之前，史上通称为"杂木"，散见于宋元明三代有关建筑、木工和家具的论著。北宋的一本建筑手册把槐木和榆木归为"杂硬材"，楠木和柏木则归为"杂软材"[67]。元代的《梓人遗制》也把多种木造的边框构件称为"杂硬木植"[68]。明朝的《鲁班经》等也沿用"杂木"一词而不加以细分[69]。晚明的鉴赏论著《长物志》则以"杂木"来描述髹漆家具的木胎料[70]。

在鉴赏家的眼中，这些杂木的个别特征并不如髹漆的风格和质量那么重要。但在另一方面，工匠挑选制作家具的木材时，自有一套因材制宜的评断标准。因此以多种木料制作一件家具是常有之事。例如，以坚实的榆木或槐木制作边框，另以材质稳定、纹理平滑的梓木及白杨来做牙条和面板等次要构件[71]。细密柔软又适合雕刻的木料，则是小型雕刻饰片的上好选择。尽管这些杂木的个别身份都在髹漆下隐而不显，却仍然各尽其职，发挥各自的特色。

可乐居大部分的家具收藏都出自山西，以当地的木材制作。最近有一本关于山西的刊物指出，当地的森林和果园仍然生产许多史料记载的家具用木，包括榆、槐、核桃木、桃木、桦木、白杨和柳树等[72]。明初打造北京的新都时，曾利用山西出产的木材[73]。山西的早期家具使用南柏、樟木和楠木等属于长江之南的名贵木料，更显示具有商业价值的木材会透过内地贸易互通有无。

下文会逐一介绍可乐居家具使用的主要木材，并以表面打光及未打光的图片解说。植物学家和鉴赏家对于木材的分类常各执一词，各地不同的用语更造成不少混淆。笔者将会概述近来中国和西方植物学家的研究成果，并佐以鉴赏家的品评，俾做为一般的参考指南[74]。本节后面附有词汇表，读者可以进一步熟悉专用的术语。

北榆，榆木：Ulmus L.（图二十二）

北榆是中国北方最常见的家具木材。在本图录中会泛称为"北榆"，以便与外表类似、又称为南榆的榉木做区隔。

中国各地一共有 20 多种榆木，主要集中在北方。北方用来制作家具的榆木包括直径 1 米、高 30 厘米的春榆（日本榆木）（U. davidiana var. japonica），和体型较小的裂叶榆（满州榆）（U. laciniata）。分布更广的白榆（西伯利亚榆木）（U. pumila）也和前两者非常类似。

北榆的边材呈黄褐色，心材是栗褐色。木材干燥不易，却很容易皲裂。密度（.59–.64 克/立方厘米）和硬度皆属中等，除了白榆之外，其他品种的强度甚低。榆木相当能抗腐朽，也易于加工。因为属于环孔材（ring porous），年轮内的晚材部分有较多管孔以层层波浪排列开来，形成弦切面上似"鸡翅木"的花纹，很受家具制作者的欢迎。

图二十二　榆木，学名为 Ulmus L.

榔榆（中国榆）（U. parviflora）更常见于南方热带地区，但是在晋陕豫三省也有生长。咖啡色的心材与通称"紫榆"的家具木材可能有所关联。木材很难干燥，容易弯曲及开裂，但是密度颇高，大于其他榆木（±.90 克/立方厘米），也更坚硬。结构强度极高，但是纹理不如白榆和春榆美观，加工也较之不易[75]。

南榆，榉木，椐木：Zelkova Schneideriana（图二十三）

南榆是苏州地区制作家具的常用木材，在山西并不常见。它和北榆的差别在于弦切面的环孔结构更细致，而且径切面有明显的横卧射线荧光小斑纹。南榆的密度和强度也较大[76]。

南榆广见于中国各地，尤其是江苏、浙江、安徽省，以及日本和韩国更为集中。树身高 30 米，直径 1.5 米。边材由黄褐色到咖啡色不等，和颜色较深的心材有所区别。历来的江苏工匠把榉木分成三种：

图二十三　榉木，学名为 Zelkova Schneideriana

黄榉、红榉和血榉。树龄是造成颜色和密度（.63—.79克／立方厘米）差异的因素之一。血榉呈红褐色，弦切面有羽状纹理，是最受赞誉的一种。

槐木：Robinia Pseudoacacia L.（图二十四）

可乐居的许多早期实物都是由槐木制作（图录2，12，19，24，27，28，29，42，45，55，56，65，68，69，71，75，80，83，102，103，104，110，117，142）。木材乍看之下和北榆很像，《营造法式》把槐木和榆木视为很难割锯的同类杂木[77]。然而，从可乐居几件藏品和植物学的研究看来，槐木的密度更大（.79-.81克／立方厘米），表面的纹理也较粗糙。

槐木广见于中国各地，但以北方生长的最佳。除了以密度著称外，木材的硬度和强度也很高。早材的管孔相当大，纹理趋于平直，但是质地不均匀。干燥不难，翘曲较少，但容易产生大的劈裂。干燥后尺寸稳定，天然耐腐性及抗蚁性均强，又能耐湿。切削困难，但是切割后切面滑亮[78]。

图二十四　槐木，学名为 Robinia Pseudoacacia L.

橡木（柞木，高丽木），青风（Cyclobalanopsis），麻栎（Quercus L.）（图二十五）

虽然橡木家具并不多见，橡木向来却是制作家具的好材料（图录13，40，66，91）。雍正时期的大内工坊曾使用高丽木[79]，更早期的实物也流传至今。植物学家在中国各地辨识出140多种橡树，可分为长青的青风和麻栎两种，后者又包括落叶和常青两类。以下是三种适合做家具的品种。

青风（C. glauca）遍生于日本和印度，树高20米，树径为1米。边材和心材并不容易区分，颜色由黄灰色到灰褐色不等，并带有褐色或红色的线纹。干燥不易，但是密度极大（±.90克／立方厘米）且坚硬。弦切面有清晰的放射木髓纹，呈短黑线纹状，但在径切面却像荧光斑纹夹杂密布于经向纹理中[80]。麻栎（Q. acutissima）也广见于中国各地。除了心材呈红褐色外，

图二十五　柞木，学名为 Cyclobalanopsis 和 Quercus L.

其他的特性都和青风很类似。

密度较小（.67–.75 克／立方厘米）的柞木（Q. mongolica）产于中国北部和东北部，并延伸到日本[81]、韩国、蒙古和西伯利亚。生长于兴安岭一带的树种常称为高丽木，而高丽是韩国的古名[82、83]。

柏木：Cupressus L.（图二十六）

《营造法式》把柏木和榆木归为"杂软木"[84]，晚明的鉴赏家指出四川柏木很适合作家具[85]；清朝圆明园的档案纪录也显示柏木的价值和楠木不相上下[86]。有关柏木家具的范例请看图录 74，82，85 和 103。

现今中国可见的品种中，以垂丝柏木（C. funebris）的材质最佳。它在四川省最集中，可以长到 30 米，直径宽 2 米。较次级的品种则包括以甘肃为主产地的干香柏、广见于中国南部及越南边界的福建柏，以及西藏柏等。

柏木的心材是草黄褐色，并略带红色条纹，暴露时间一久，颜色会随之转深。边材的颜色较淡。木材带光泽，有油质或蜡质的触感，并有冲鼻的香味。纹理通常平直而质地均匀。干燥缓慢，且需注意翘曲的现象。重量、密度（±.58 克／立方厘米）和硬度皆属中等偏高。干燥后抗蛀和抗腐蚀性佳。木材质地细密，容易加工，打光后色泽鲜明[87]。

图二十六　柏木，学名为 Cupressus L.

楠木：Phoebe nees（图二十七）

明朝文人的论著中常把楠木和豆瓣楠视为上等木材。前者常用来做橱柜和书架，后者则作为装饰性的柜门和桌案面板[88]，以及较小的文具。楠木家具的范例可见于图录 36，58，78，84，98，112，123 和 125。

楠木属于樟科，是一种生长缓慢的大型树木，树高 10 至 40 米，直径 50 到 100 厘米。尽管它的特性和香柏有些类似，但是两者在植物学上毫无关系[89]。长江以南共有 30 多种楠木，以西南一带最多。海南岛和越南也有生产。

产于四川和贵州的桢南木，中国东南和南方中部的紫楠，以及海南岛的红毛山楠木，木材的质量最佳，颜色为从黄褐色带绿到红褐色不等的暖色系。纹理较粗疏，而且颜色较浅的品种则属次级。

因为楠木极能抗腐蚀，常会作为建材及造船用材。容易干燥，不会翘曲或开裂。干燥后尺寸稳定，密度中等（±.61 克／立方厘米）[90]，新加工品出炉时，也会发出一种冲鼻的香味。由于打磨后会形成闪烁的表面，称之为"金丝"，再加上质地细滑，也是上好的家具木料。

图二十七　楠木，学名为 Phoebe nees

核桃木：Juglans（图二十八）

清朝许多核桃木家具都是取材自山西省，做工也极为讲究（图录 14, 33, 37, 38, 52, 79, 95, 116, 126, 140）。早期的实物则相当罕见。核桃木很容易和楠木混淆，可是前者的表面纹理较为开疏，颜色趋于金褐色或红褐色，和楠木偏绿的黄褐色不同。此外，两者的新加工品出炉时都会发出明显的香味。

图二十八　核桃木，学名为 Juglans

中国有几种核桃树能做为家具的上等木料。真核桃（J. regia L.）一般长在北方和西北方，但也延伸至西南省份。它属于落叶乔木，树高 20 米，核桃可食，并可榨成质量高的植物油。边材为浅色，和红褐色、栗褐色，甚至紫色或有深色条纹的心材截然不同。干燥缓慢，但是干燥后木性稳定。密度中等（±.62 克／立方厘米），质地细密。

因为真核桃的培植主要是取其果实，因此常会以核桃楸（J. mandsharica M.）来替代。核桃楸遍生于中国北方及东北的森林，密度比真核桃低（±.53 克／立方厘米），颜色也较浅。野核桃（J. cathayensis）分布于中国中部及东部，云南省是主要产地[91]。

香樟木：Cinnamomum camphora（图二十九）

由于香樟木能防虫蛀，又有美观的纹理，向来是制作橱柜和藏物箱的理想木料。香樟木是樟科的常青树，树身高达 50 米，直径 5 米[92]。遍生长江以南，包括海南岛在内，江苏和福建最多，台湾次之。

香樟木的边材颜色偏淡，与红褐色的心材有明显的区别，纹理之间夹杂典型深红色的条纹。新切面会发出强烈的樟脑香气，而且不会随着时间消退。管孔在径切面斜列。密度较轻（.42–.54 克/立方厘米），硬度中等偏软。质地均匀，表面打磨后会散发丰富的色泽[93]。

图二十九　樟木，又名香樟，学名为 Cinnamomum camphora

黄樟木（C. parthenoxylon）也遍生于中国南方，但是尺寸不如香樟木庞大。尽管木材的纹理相近，颜色却较浅，密度也较沉，切开后香味会逐渐消退，常用来代替更高级的樟木品种[94]。

黄杨木：Buxus L.（图三十）

黄杨木是一种小树及树丛。由于尺寸有限，很少用来制作大型家具，而较常作为小型的雕刻器物或装饰镶嵌（图录 37，123）。黄杨木非常耐久且沉重（密度 .83–.93 克/立方厘米），细致、均匀的纹理特别适合雕刻[95]。

黄杨木有许多品种，遍生于中国各地，特性相似。著名的品种产于湖北、江苏和四川。树木的生长非常缓慢，有些品种在 100 年中直径才长达 10 至 15 厘米。山东崂山森林中的黄杨木直径可达 30 厘米。

黄杨木的心材和边材并不容易辨识，刚切开后呈灰黄色，然后逐渐转为温暖的黄褐色。通常纹理笔直，不规则的也有。很难干燥，特别容易开裂，刚加工出炉的新制品会散发泥土的香味。由于导管细胞

图三十　黄杨木，学名为 Buxus L.

极小，因此质地特别平滑细致，表面打磨后会散发丝光。

梨木：Pyrus（图三十一）

梨木也是上好的雕刻木材，历来常作为铅字板或乐器，偶尔作为家具 (参见图录 99)。

中国各地有十多种梨木，大部分集中在北部及东部。通常是做为果树培植，不过上等的木材有杜梨（P. betulaefolia）和豆梨（P. calleryana）等。

梨木的颜色由浅灰色到淡红褐色不等，心材和边材并不容易分辨。木材一定要慢慢干燥，以免生裂，干燥后尺寸稳定。密度和硬度中等偏高，质地细密均匀[96]。

图三十一　梨木，学名为 Pyrus

楸木：Catalpa（图三十二）

自古以来楸木就以制作各种器物著称，包括乐器、棋盘等。从昔日汉朝属地出土的楸木棺材依然完好无损。木性稳定的楸木是家具的辅助用料，特别适合作为髹漆家具的面板。

中国有几种不同的楸木。滇楸（C. duclouxii）是一种生长迅速的落叶乔木，树高 20 米，直径可达 60 厘米，遍生于四川、湖北、云南和贵州。梓树（C. ovata）较小，生长范围更广，包括长江以北地区。

楸木的边材为淡黄色到黄灰色，心材的颜色较深，由灰褐色到深褐色不等。纹理相当笔直，质地粗糙不均匀。材质轻（±.47 克 / 立方厘米）而软，但是干燥后尺寸稳定。干燥容易，不会翘曲或开裂，并能抵抗腐朽与虫蛀，容易加工，打磨后呈现闪亮的光泽[97]。

图三十二　楸木，学名为 Catalpa

杨木：Poplus（图三十三）

杨木是山西家具常见的辅助用料，可作为装饰面板、牙条及角牙等。

中国各地共有60多种杨木，以北方省份最集中，生长迅速，繁殖容易，材性差异不大。边材和心材为由浅至深的米黄色系，分别并不明显。干燥容易，极少翘曲或开裂。密度（.40–.54克/立方厘米）和硬度中等偏轻，纹理笔直，木性稳定，质地匀密，但不能防潮或虫蛀[98]。

图三十三　杨木，学名为 Poplus

梧桐，泡桐：Paulownia fortunei（图三十四）

梧桐的共鸣效果极佳，两、三千年一直作为中国乐器的共鸣板（参见图录75）。它的传热性极低，是制作窗板、门板和天花板的好材料。梧桐的燃点高，有类似防火材的功能，为制作钱柜的理想用料。湿度变化时仍可保持稳定木性，密度极轻（.26–.32克/立方厘米）。缺点是干燥过程中容易产生色斑，而且强度不够。

中国和日本（在日本称为 kiri[99]）有几种不同的落叶梧桐，可迅速生长到15米，直径宽2米，容易干燥。颜色由银灰色到栗褐色不等。纹理笔直，

图三十四　梧桐木，又名泡桐，学名为 Paulownia fortune

质地粗糙不均。虽然传统和文献都称赞梧桐能防腐，但是大部分的品种并没有这种特质[101]。

柿树：Persimmon（图三十五）

中国有多种不同的柿树，从乌黑色到灰色的、或红褐色带黑色条纹的心材料到色浅的品种都有。柿树通常是作为果树培植，可是木材也适合制作家具[101]。根据北京匠师指出，图录111的炕桌就是由柿子木做的。心材为黄色到红褐色，并有较深色的条纹和斑纹。木材质地匀密，坚硬而沉重。

图三十五　柿木

杉木：Fir（图三十六）

品种繁多的杉木、云杉、铁杉、落叶松等遍生于中国各地，主要长在海拔 2000 米以上的地区。杉木常作为建材，不过某些较硬较沉而且质地均匀的品种也可用来制作家具。

木材为淡黄褐色，条纹笔直。深色的晚材和浅色的早材硬度不一，使表面的质地不均匀，显出不同的纹理。干燥容易，强度大，但通常不耐潮湿和虫蛀[112]。

图三十六　杉木

瘿木，桦木：Burl（图三十七）

瘿木是环绕树根、树枝或从中膨胀突出的异常生长[113]，但是肿瘤状的结节瘤（瘿子）对树木的健康似乎没有不良影响。成因不详，有可能是树木倒地、火灾、霜害、霉菌或细菌的侵袭，或甚至受到啄木鸟雕啄的影响。樟木、榆树、楠木、柏树[114]和柳树[115]等树种似乎更容易产生瘿子。

图三十七　瘿木，又名桦木瘿

瘿子的组织非常紊乱，由许多小眠芽组成，从弦切面看，似螺旋卷曲的绮丽花纹，通常很难依纹理特征来断定原生品种，不过还是可以由颜色、质地和纹理与母树相似的原则来辨识出母树。

树干和树根的交接处常会产生丰沛的瘿子，这是因为树根成长向外伸张时，木质纤维的生长方向被迫改变所致。例如楠木瘿子的"葡萄子纹"即是形容其中的小根芽。

几种不同的桦木（Betula）也可能产生瘿木。心材通常呈浅黄色，有时会形成鸟眼般或条纹状的赭色斑点[116]。中文的桦木和瘿木通常为同义词。

词汇表

年轮

树木从髓心以同心圆的方式向外生长。髓心是木质茎干或树枝的早期成长，一段时间之后会停止生长，但会一直保留到树木摧毁或腐朽为止，成为黑色的空心。在温带气候中，每一轮代表一年的生长，宽度则因树种和生长的环境而异。在热带地区，树木的生长可能极少受到中断，也可能因为气候潮湿或干燥而在一年中有几个不同生长季节。因此，热带硬木的圆轮并不能称为年轮，因为它们可能代表一年中有几个雨季，或是代表极端潮湿或干燥的年份。

边材

边材，是树液流动的部分，位于成树的外围年轮上，所占年轮圈数的多寡则依树种而异。边材通常与颜色较深、密度较沉的心材有所区隔，一般不能抵抗真菌或虫蛀。

心材

当树木逐渐成长，不再需要整棵树干为树叶提供树液。最靠近树干中心的细胞失去活力，不再支持树木的成长，却继续提供结构上的支撑以助新年轮继续长成 (widening crown)。这种不再活跃的木材称为心材，通常比边材坚硬、沉重、耐久，渗透性较差，对于湿度的变化较为稳定。

管孔直径

透过显微镜的观察，树身是由无数的细胞所组成，大部分呈长形纵向，形成传导的小管及强韧的纤维。这些管状细胞一经横切，两端剖面就称为管孔。在柞木和榉木等某些硬木中，大管孔集中在早材（春材）部分，小管孔则集中在晚材（夏材）部分，因此会称为环孔材。这些木材的质地不均，纹理显著，苏州木匠把榉木的大型多层纹理称为"宝塔纹"。管孔的直径也会影响质地，铁力木等管孔直径较大的树木质地较粗，黄杨木等管孔直径较小的树木质地较细致。

环孔材

同一圈年轮由于季节性的成长，可能会出现显著差异。初期的成长迅速，因此较为疏松，称为早材。接下来的生长趋缓，因此较密，称为晚材。在硬木中，晚材可由直径较小的细胞来界定；在软木中，则由尺寸较小的年轮鉴别。

弦切面和径切面

弦切面和径切面是用来形容木材的年轮走向。如果年轮与树表呈切线方向，那么表面纹理通常会呈现 U 字型或 V 字型。如果年轮与树表呈半径走向，那么纹理就会形成并行线。

密度

密度是重量与体积之比，系由比重测量，亦即重量与同体积的水之比。大部分的木材密度小于 1.0，因此会浮在水上。紫檀和乌木的比重大于 1.0，因此遇水则沉。黄花梨的比重介于 .66 到 .80 之间。木头的密度会因湿气含量而有显著变化，因此密度是根据绝干重量来测量。树木的生长速率也会影响木头的密度。树木在崎岖山间的生长速度会比肥沃的低地缓慢，因此密度较大，也更有特质。

硬度

硬度是指表面冲击韧性。虽然密度和硬度通常有关，但却反映不同的特性。例如枫木的密度中等，但是硬度极大。

附属用料

文石

宋朝文人如米芾、苏东坡和欧阳修等都曾赞扬天然石板的逸趣横生，远胜于人工的艺术品，因此带起一波欣赏石板桌面、镶板和写意风景石板的风气。杜万在这股风潮的高峰出版了《云林石谱》（约于 1133 年），列举适合作为桌板和屏风的石材。由此我们知道欧阳修的"虢石"屏风面板是来自河南西部的虢州，淡黄色的背景中呈现一幅山间小村的景致[10]。一块出自浙江西部奉化的石板，则是黄底上带有黑色的裂纹，仿若森林中云雾飘邈[11]。这些描述都和图录 144 的屏风相去不远。

曹昭的《格古要论》（约于 1388 年）推荐以石板作为琴桌面

板⑩，并描述几种适于切割做屏风、桌面和床围子的石材。"竹叶土玛瑙"是形容一种具有竹叶斑纹的黄褐色石材（图三十八）⑪。虽然图录77和84的桌面石板并非真正的玛瑙，但却有异曲同工之妙。在《格古要论》出版不久后与太子朱檀一起陪葬（1411年）的类似桌子，也使用了同样的石材（请看图录84的图说）。这些角砾石看起来好像是人工用碎石和鹅卵石拼贴而成，尖锐的断片神似细长的竹叶，实际上却是浑然天成。至于布丁石则是因圆形的鹅卵石得名（图三十九）。

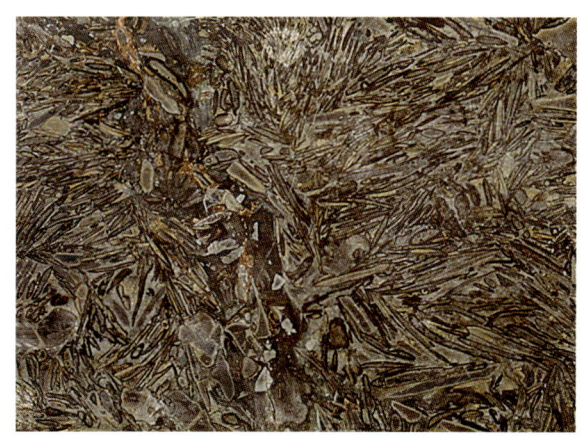

图三十八　竹叶玛瑙，云石面边桌细节图（图录77）

从晚明到清朝，云南大理出产的大理石以水墨画般的黑白纹理，日渐受到欢迎。图录145的乾隆朝桌屏风，好像一座由海上升起，笼罩在云雾之中的多山小岛。

图三十九　砾岩，炕桌细节图（图录110）

铜铁饰件

自古以来，中国家具用铜和铁制作兼具功能和装饰性的五金配件。在明清两朝，这些传统仍然流行不辍。山西历来富藏铁矿，铁器相当丰富。由于当地的天气干燥，因此家具和建筑普遍有铜铁饰件，保存情况也相当良好。

一张早期供桌上的白铜拉手（图四十）是由铁片铸成，两端做成卷叶状，并以金朝正隆（1156-1166年）和大定（1161-1190年）的铜钱来做拉手盾牌。这种做法在早清时的山西抽屉柜上相当普遍，通常采用顺治、康熙、雍正和乾隆朝的铜钱。图录102的早期抽屉柜上有北宋的铜钱，可见这种传统源远流长。

图录97的香几，外翻式三弯腿以薄铁包足，有助于保存这种外翻优雅却脆弱的细部。图录131和132的食盒也以装饰性的铁片加固，而成列的鼓钉装饰也是山西的典型特色之一。大屏风（图录142）的墩座上安有铁环，透露了这类大型器物的搬动方法，与庭园景观画所示无异。

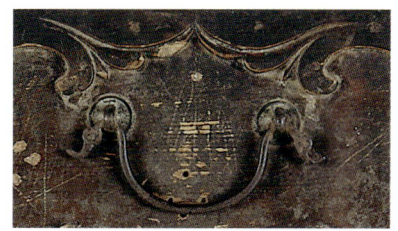

图四十　供桌上的铁制半圆形环把手和金朝铜钱纹盾型面板的细节图（图录54）

山西省也有丰富的黄铜和锌矿，两者都是白铜的主要成分。这种铜类合金也含有少量镍，因此会散发银色的光泽，并减缓黄铜失去光泽的速度。可乐居藏品中的白铜饰件，其质量和传统风格与上好的硬木家具并无多大差别。崇祯时期的黑漆描金箱（图录129）饰有长方形的面叶和如意形拍子，牛鼻形的拉环，和简单的长方形合页，这些都与江南地区晚明墓葬中的木制明器很类似[111]。此外，朱漆描金柜（图录119）的吊牌不只造型别致，还以黄铜和红铜镶嵌形成三色装饰（图四十一），比硬木家具常见的铜铁饰件更胜一筹。

在小型圆角柜上（图录114）安装黄铜制的门轴和臼窝，显然是一种实验性手法，以避免一般木轴易于磨损的缺失。尽管它在将近400年后依然完好无缺，可是由于成本高昂，而且需要其他工艺配合，因此并没有蔚为流行。

软屉材料

明朝到早清的山西家具大都使用软屉座面，不过也有一些早期的硬屉实例。这种透气的屉面既能提供妥贴的支撑，在炎热的夏季也让人坐卧舒适。18—19世纪时软屉座面逐渐被硬屉取代，旧作偶尔也会因应趋势换成无须保养的硬屉[112]。

图四十一　红漆柜上的三色配件细节图（图录119）

屉面编织是一种专门的传统，由游走四方的匠人修补或更换。传统的制作方式有几种，偶尔会以动物内腱加工做成极柔软的屉面。一般则是在椅面边框内缘打眼，将捻绞过的棕绳穿眼洞织成棕绷做底，然后以藤条在上面编织藤屉。黑漆大圈椅（图录34）的藤条磨损后，即露出下面细密的棕绷（图四十二）。

现代的藤编工艺仍延续使用棕绷的技术，只是已被一整片预先裁好的草席取代，再用软木楔子直接钉在洞眼即了事。棕纤维和藤条浸泡了几小时后，静置晾干直到收紧为止，就可织成柔软又有韧性的椅面。

图四十二　圈椅的原装棕榈纤维底网手织藤座位细节图（图录34）

交椅和交杌的座面常使用绳编和皮条。黑漆交椅（图录39）还保留了原来的屉面，以似棉的细纱在椅掌之间紧紧编织，并于两端边缘织边收尾（图四十三）。图录44交椅上淡紫色、白色相间的图案织物屉面也可能是原配，和红紫色的表漆相得益彰。

注释：

⑥⑦李明仲，卷24，8。在此列出的参考乃木匠根据切割难度而分成的六种类所需要之锯木制板时间。详细翻译请见柯惕思，（1996年），页56。

⑥⑧薛景石，页343。

⑥⑨瑞登毕克，页343。

⑦⑩文震亨榻6：238，凳。

⑦①比照图录103，原来是黑漆抛光的柏木面和槐木主体。小供桌（图录55）的主要材质是槐木；面板是榆木，而大部分的小边桌（图录71）都是槐木制，再加上另外一种软木作牙板。

图四十三 圆背交椅的原装手织藤座位细节图（图录44）

⑦②温兴和薛麦喜合编，页505。

⑦③推彻特和范班合编，页239。

⑦④附加参考请见成俊卿等人（1992年）。近代家具制作研究－制木包括：张德祥（1998年）：1，页36—41；张德祥，（1998年）：2，页20~23；马未都，页22~25。

⑦⑤成俊卿等人，页688~692。

⑦⑥成俊卿等人，页692~694；布朗，页28~29；吕福元等人合编，页84；张德祥，（1996）：3，页30~33。

⑦⑦李明仲，卷24，8。

⑦⑧成俊卿等人，页497~498。

⑦⑨朱家溍，页353~363。

⑧⑩成俊卿等人，页274~276。

⑧①布朗，页50。

⑧②张德祥，（1996年）：2，页26~29。

⑧③成俊卿等人，页290~298。

⑧④李明仲，卷24，8。

⑧⑤文震亨，凳6：236："凳……使用四川柏木面板配合乌木框架之所以为古董"，床6：241："近代所制为仿竹型柏木；精致且适合仕女闺房及书房中央"。

⑧⑥王世襄（1990年）卷1，页149 楠木被标为十四钱一立方尺；南柏木为十二钱一立方尺。相较之下榆木，樟木，槐木和北柏木为六钱左右一立方尺。花梨木每立方尺为一百零六钱，紫檀为一百五十四钱。

⑧⑦成俊卿等人，页8~12。

⑧⑧见戴维，页155 为一明朝中期楠木桌面例子。

⑧⑨在西方文献中几百年来楠木已被错误地标记为雪松。两种类的共同之处为皆有浓郁香味，并且耐用防虫。但楠木并非松柏科植物如雪松，实属长青月桂科。由于没有相应的西方名称，其中文名称之"楠

木"一如黄花梨木、紫檀木、鸡翅木等因而被沿用。

⑨⓪ 成俊卿等人，页 379~380。

⑨① 成俊卿等人，页 345~348。

⑨② 请比照图录 92。

表层为一直径 120 厘米的单层樟木板。

⑨③ 请比照图录 130。

⑨④ 成俊卿等人，页 64~61。

⑨⑤ 成俊卿等人，页 167~168。

⑨⑥ 成俊卿等人，页 538~539。

⑨⑦ 成俊卿等人，页 150~152。

⑨⑧ 成俊卿等人，页 574~583。

⑨⑨ 布朗，页 29~30。

⑩⓪ 成俊卿等人，页 610~13。

⑩① 成俊卿等人，页 207~10。

⑩② 成俊卿等人，页 22~53。

⑩③ 请比照图录 10。

⑩④ 戴维，页 154。

⑩⑤ 戴维，页 154。

⑩⑥ 成俊卿等人，页 139~144。

⑩⑦ 施佛，页 70。

⑩⑧ 施佛，页 74。

⑩⑨ 戴维，页 106。

⑪⓪ 戴维，页 160，297：48ab。

⑪① 王正书，页 81，151，图 31g。

⑪② 此山西椅设计的发展乃根据安思远之前所举的硬木家具例子，请参照中国家具：明和清早期的硬木家具例子，页 271~282。

结 构

山西省的大木造建筑传统源远流长，当地家具匠师制作热带硬木家具时采用许多大木造繁复的结构和榫卯技巧。此外也使用了新颖的技术，例如丁字短托带和平镶轴头门等。由于家具通常以较软或强度较弱的木材制成，或是髹漆灰，因此使用的技术更多样，兹将其中一些简介如下。

明榫／透榫

榫头穿透构件而显露在外，是传统山西家具的普遍特色之一。除了用于格角榫、穿带和掌子之外，明／透榫也常见于桌、椅面的边框构件表皮上，不过多多少少都被髹漆所掩盖。

许多早期桌腿上端的透榫（图录 54，65，66，72，74）原本都藏在髹漆的表面下（图四十四），以便稳固别无其他支撑力的腿足，这是在更复杂的榫卯结构发明前的早期技法。图录 88 罗锅掌方桌的技法更为繁复，以扇形榫头锁住固定格角榫边框（图四十五）。

图四十四　大画桌的桌面明榫结构解构图（图录 65）

图四十五　方桌的桌面明榫结构解构图（图录 88）

抹头边框的系带

山西的桌案有一种独门技法，就是抹头边框的系带，能把抹头拴于平行相邻的穿带上（图录 45，72，80，104）（图四十六），加以固定。短系带起勾的一端安在穿带的孔眼上，另一端插入抹头以楔子或梢钉牢，因此边框不会随着时间松脱，反映出山西家具形制牢固的特点。

格角榫

山西家具的桌面和椅面边框常会在标准的格角榫上加以变化（图四十七 a）。变化之一的揣揣榫（图四十七 b）（图录 15，25，26，72，100），其整合的完备性端赖于腿端出榫或以插销式的腿足穿销代榫，插入重叠互揣的边框构件中，使之锁合。双揣揣榫（图四十七 c）则

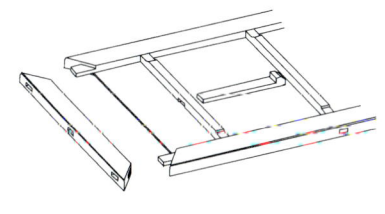

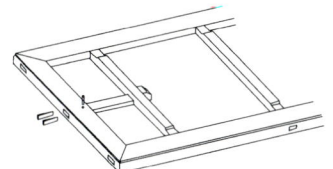

图四十六　边框结构绘图

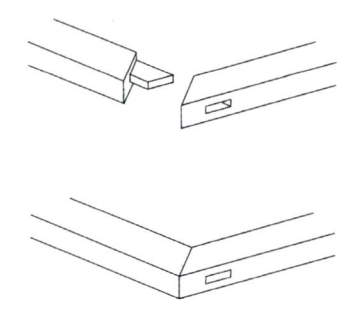

图四十七 a　标准斜角直榫卯结构绘图

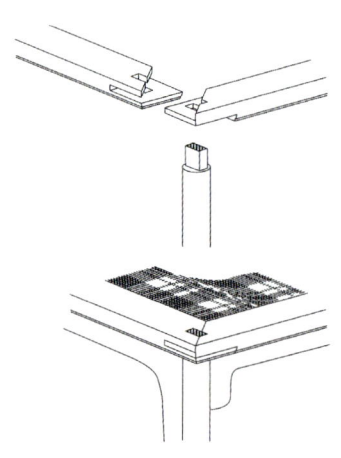

图四十七 b　开口销榫卯绘图

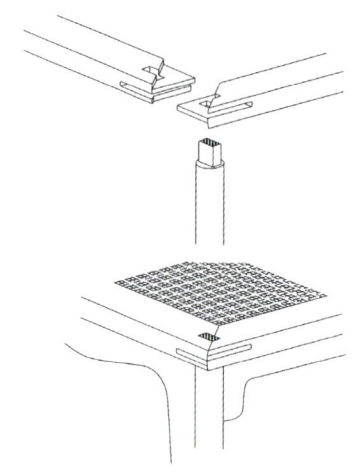

图四十七 c　双开口销榫卯绘图

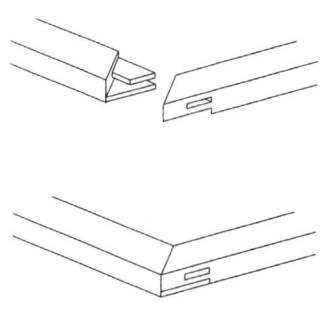

图四十七 d　重迭榫卯绘图

是更复杂的变体（图录 16）。第三种变体可见于桌面边框，除了格角榫拍合边框构件外，另外在构件底侧下皮处造榫，使相迭如合掌，并以胶黏固合（图四十七 d）（参见图录 81, 102）；因重迭面积够大，配合鱼鳔、皮胶或漆胶可进一步黏合。

带轴头的平镶门板

可乐居有四件橱柜采取平镶的门板，透过木轴转动开合（图录 118, 121, 122, 124）。尽管这类结构的家具通常采用金属合页连接与转动，这些（与边框）齐平的门板却从边框的垂直构件上下两端伸出木轴头，借以转动开合。装卸门板时为了避免橱柜解体的麻烦，需要采取一种特殊技法，在接近下臼窝的位置凿出一个宽同轴头、长约 10 至 15 厘米直入下臼窝的榫槽或斜槽（图四十八）。安装门扇时，先把上端的轴头纳入柜身边框的上臼窝，然后抬起门扇底端，使下轴头以通畅无阻的角度着地在榫槽的入口，然后通过榫槽一路倒退、滑入下臼窝内。榫槽内安置一根固定的小木桩，防止轴头滑动（若是斜槽则不需要这根固定桩）。如果施工准确，可以使表面完整平顺，免除使用金属合页导致整体造型的破坏。

楔钉榫与双压式楔钉

楔钉榫常用来接合圈椅上圆后背的弧形弯材。图录

图四十八　红漆柜的枢轴安装细节图（图录 118）

34-37 的四张山西圈椅都采用楔钉榫造法的小变体，那就是小楔钉以 45 度斜角贯穿、钉牢交搭的榫卯。斜置的小楔钉插入后会直接对榫卯的两边全面压挤，迫使合掌面紧贴密合（图四十九）。相比之下，标

准楔钉榫的小楔钉以水平方向插销，与榫卯交搭的合掌面互为平行，几乎无法施加压力。这种深富效率的手法在山西广为流行，可能与大木作栋梁接合的传统有关，可说是一种当地的技术。

配制杂木

在髹漆或漆绘的家具上，常会针对木材的不同特性、对应构件的功能，而使用不同的木料于一体。槐木和北榆由于强度大，常会做为边框构件。白杨和梓木等细密平滑的木材，则用来做非结构性的部件，如面板、牙条和雕刻装饰组件。图录104的抽屉柜以槐木做边框，杨木做雕刻板，并以松木做辅助面板隐藏在内。外表各异的木材或在半透明的髹漆下浑然一体，或者完全藏在不透明漆之下。

钉钉子

软木家具比硬木家具更常使用钉子。在某些实例中，会把活翘头钉在桌面上（图录55），或把牙条钉在桌面底侧和腿足上，站牙也常用钉了·由顶部钉入。 高拱罗锅枨也以钉子钉至顶贴的牙条上（图录68, 84），这种手法在黄花梨家具上也有见过[13]。黑漆方桌（图录90）的直枨并非以榫头嵌入腿足，而是用钉子相连，并在接头部位四周贴布刷漆以作进一步强化。

布料包缠接合

金属包镶兼具装饰和强化的功能，历来有案可考。另一种传统则是把布料或薄皮革浸在漆料中，然后小心地包裹家具接合处。虽然此处的实例只以山西家具为限，但是这项传统其实流传很广。座椅的搭脑或扶手接合处常会看到这种因浸漆而变硬的布包角（图五十）。许多没有金属包镶的圈交椅就会使用这种技法。

注释：
[13] 柯惕思，（1993年），页54~55，另见安思远，（1996年），页157，虽然在图录中并未提到，但后者例子中的黄花梨桌的罗锅枨是用钉子连接起来的。

图四十九　圈椅扶手的半榫卯细节图（图录34）

图五十　漆硬化皮包角后脚连杆细节图

年代鉴定

中国家具断代并非一门精准的科学，出处往往不明，也很少看到年款。断代都是参考已知的标准以及次要证据来推断。但是因为风格往往一脉相传，而且在同时代与其流变并存，因此不能只以形制来论断年代。话虽如此，透过形制的微妙变化、出处、结构技巧、材料、装饰细节、打磨和明显的老化等次要证据，还是能以审慎的鉴赏做出明智的推论。

从有款识的实物、出土的材料、有年款的绘画和木刻，以及其他可断定年代的参考数据等依据，逐渐整理出一条时间的脉络。家具不是一个独立的现象，而是与建筑、木刻、石刻和砖雕，以及陶瓷和织品等装饰并行发展，也会受到它们的流变所影响。

可乐居有一些藏品的特征显著，可以透过参考数据来断代。还有一些实物有款识，不但能提供风格演变和传续的依据，也包括用语、价格、采办及制作者姓名等数据，可以进一步了解中国家具和外围的文化。以下将依时间顺序来介绍这一套纵贯 800 年长河的藏品。

抽屉柜，12—13 世纪（图录 102）

这张抽屉柜呈现传统的民间风格，可溯自 12—13 世纪。每张抽屉面深浮雕宋朝衣饰的人物，后方的花卉背景和山西出土的金墓砖雕极为相似。顶层抽屉方形莲纹中央有一块浮雕的银锭，抽屉拉手以一枚铜钱做为吊牌座，上面系着原配铁制的吊牌拉手。铜钱上有政和的字样（1111—1117 年），这是宋徽宗短暂的年号。

图录 102

供桌，13—15 世纪（图录 54）

晋北有两例实物比这张供桌的传统风格更早，一件在辽代的华严寺薄伽教殿（图三），也是各种几何造型绦环板的前身。另一件则位于金朝五台山的佛光寺文殊殿（请看图录 54）。三弯腿的花式风格可以和金朝砖雕和壁画上的桌案及装饰相比（图二）。三个抽屉的熟铁拉环后方以金朝铜钱做为吊牌座，铜钱的年代是金朝的正隆和大定时期（图四十）。

图录 54

架几供案，13—15 世纪（图录 55）

供案的材料、髹漆和架几形制的装饰风格均属中明或更早的风格。两边的透雕板各有一小儿骑在祥鸟瑞兽之上，属于非常早期的风格。

绦环板上的单卉装饰和倒转的鸟头都是契丹和女真的影响。

直枨条桌，13—15 世纪（图录 71）

在桌子大边安单枨、抹边安双枨的做法最早可见于宋朝。明朝末年发展出榫卯结构后，这种技法已逐渐消失，但是山西在清朝时还保留这种古风[114]。本例的边框棱角分明，无束腰的牙条曲线婉转，细长的桌腿在足部造出柔弱飘逸的小尖足，与宋元及早明的绘画和木刻极为相似。此桌以槐木为主，它是早期家具常用的一种木材。

香几，13—15 世纪（图录 97）

这张造型优雅的香几也承袭了宋与金的风格。一张造型相似的六角形小几上有疑似宋朝年款（1069 年）[115]，然而优雅三弯腿的风格却和金墓（1187 年）出土的明器面盆、火盆架相去不远。一张形制与此类似、但是风格更晚的髹漆香几，据推断是嘉靖年间的制品（1522—1566 年）[116]。

带屉朱漆供桌，14—15 世纪（图录 86）

这张高束腰供桌的高拱罗锅枨顶贴着牙条，是元与早明的风格[117]。山西侯马的金墓（1211 年）中有一幅砖雕，刻着一张罗锅枨的高束腰桌子（图三）。从早明的朱檀之墓（1389 年）掘出的酒桌上，其罗锅枨也有类似的芽包装饰（图录 84）。

大理石面心酒桌，16 世纪（图录 84）
大理石面心条桌，16 世纪（图录 77）

这两张桌子都以"竹叶土玛瑙"的角砾石做面板（图三十八）。早明的鉴赏论著《格古要论》（刊行于 1388 年）认为这种装饰性石材很适于做桌面[118]，从朱檀墓（1389 年）出土的酒桌（图录84）也是类似的范例。这种石材由无数尖锐的小碎片构成，状似细长的竹叶，和布丁石的圆形鹅卵石（图三十九）不同。前者在明朝更常见，后者则盛行于清朝。两桌的年代都属于明朝中叶。

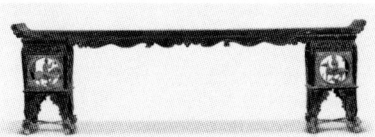

图录 55

图录 71

图录 97

图录 86

图录 84

图录 77

南官帽椅，16—17 世纪（图录 29）

此椅和上海的潘允征之墓出土的明器椅（1581 年）颇为相似，墓主生前是江南地区的小官吏（请看图录 29）。由风格、髹漆和保存状况看来，此椅应为晚明的作品。

C 形板腿卷书足炕几（图录 63）和小型圆角柜，16—17 世纪（图录 114）

由炕几上和小型圆角柜上的漆绘装饰看来，都是晚明的风格。

图录 29

图录 63

黑漆描金箱，晚明崇祯年间（1633 年）（图录 129）

箱盖内侧有题款：

"崇祯六年五月吉日克孝置。描金黑箱八个。八号。"

图录 114

此箱的风格相当简朴，然而原始的白铜构件包含如意形的钮头、长方形的面叶和合页牌子，以及半圆形提环，都是典型晚明的风格。"描金"在这里系指在黑漆表面上绘上多彩的装饰图案，可能还有金线勾勒，但如今已散佚。

图录 129

抽屉柜，早清康熙年间（1685 年）（图录 104）

背板的内皮有一长串款识如下：

"康熙贰拾肆年肆月三十日吉时常云口置买。山水玉椁壹张价银壹拾两。同男常金梁，同孙常玉生，常玉童，常玉珠，同重孙常增寿，常复生。木漆匠张桂廷。"

抽屉柜在此称为"椁"，纹理生动的大理石板则称为"山水玉"。不论常家是否以为买到一张玉板桌子，十两银子对家具而言都不是一笔小数目。举例来说，宰相严嵩被抄的家产中（16 世纪中叶），镶大理石的雕刻卧床估价为八两银子[⑨]。16 世纪晚期的纪录显示，赵孟頫所画的唐式骏马价值十两银子[⑩]。根据 18 世纪早期的宫廷宴饮记录，四头猪也值十两银子[⑪]。

图录 104

抽屉柜的木工与漆工均出自一人之手，并不寻常，因为传统上这是两门手艺。另外，由于抽屉柜常作为嫁妆，因此推测"吉时"极可能是常云曾孙女的文定之喜，促使常家四代男丁团聚。

大食盒，中清，乾隆年间（1740年）（图录131）

提梁下方支架两侧的铁牌上刻有如下字样：
"中秋八月乾隆五年。"

从风格的角度来看，其铁艺特别值得注意。木作雕刻刀法简明朴拙，不打磨、不矫饰，尤其是与道光时期的作品（图录132）相比，更能看出两者的差异。

方桌，中清，乾隆年间（1769年）（图录91）

桌面底侧有墨笔年款：
"乾隆己丑季孟冬月思穑堂印组氏置。"

此桌是明清之际的过渡风格，牙条以横竖短材攒斗方形卷纹，腿足以马蹄足做终。

三屉翘头案供桌，中清，乾隆年间（1786年）（图录61）

供案两端的浮雕挡板的上端，各有一小片绦环板，其中内侧载有如下的年款：
"大清乾隆五十一年润七月二十二日辰时第四盘公置。仝建愿保阖庄吉祥。"

这张供案原本可能置于小村庙中，在案上供奉当地神祇的雕像或画像，让村民膜拜献祭。框架构件上利落的线脚以及雕刻造型都是典型18世纪中晚期的风格。图录36的圈椅有相类似的髹漆和雕刻装饰，意表相近的制作年代。

嵌山水石插屏式座屏风，中清，乾隆年间（1793年）（图录145）

屏风背后有年款如下：
"乾隆五十八年十二月置，工价银叁两贰。"

图录131

图录91

图录61

明朝的小座屏通常是一件式（参见图录144），清朝的座屏风则多为两件式，可将一片独立的屏心插进底座。

此屏风的雕刻装饰风格相当利落精练，底座牙条中央雕饰着（八音之一）石琴吊饰，在乾隆朝及之后广泛流行。叁两贰银子不是一笔小数目，然而石板的天然肌理宛如山林风景非常华美，雕刻也甚见功夫。

图录 145

四出头官帽椅，中清，嘉庆年间（1797年）（图录17）

硬屉坐面的内侧有墨款如下：
"嘉庆贰年造"
此对椅为传统的晚明风格，一直延续到20世纪初期。

圆凳，中清，嘉庆年间（1818年）（图录4）

每张凳面的底侧都有年款如下：
"嘉庆贰拾叁年七月十三日自造，九张之一。王克助志。"

圆凳虽然成于19世纪，风格却承袭宋朝以降的早期传统。

图录 17

有束腰桌子，晚清道光年间（1821年）（图录79）

桌子背面有年款：
"道光元年置。怡如堂郑记，一样两张，每张价叁两五钱。"

此桌的基本造型可称为仿明式，可是劲挺僵直的线条又和较早期的圆浑风格（图录77）大异其趣。此桌的价值与座屏风类似。

图录 4

南官帽椅，晚清道光年间（1837年）（图录33）

靠背后方有墨款年款如下：
"道光十七年伍月置，文安堂，孙记。"

这张座椅也是传统明式风格，但是后人仿制却失去早期的艺术神韵及力道，不过工艺仍属上乘。

图录 79

大食盒，晚清道光年间（1845年）（图录132）

提盘一侧有年款：

"道光二十五年桂月下浣记。三星堂。"

此处雕刻的装饰风格比一世纪前的食盒（图录131）更花哨而精致。不过传统的图案主题却有点纷杂，不够明确。

四出头官帽椅，晚清光绪年间（1903年）（图录18）

两张硬屉座面的底侧均有笔墨年款：

"光绪二十八年正月荣光堂计。"

此对椅为传统的晚明风格，一直延续到20世纪初期。

此处的款识说明了山西家具风格一脉相传的传统，也再度显示为中国家具鉴定年代的困难。类似的明式座椅也有嘉庆（1796-1820）、道光（1821-1850年）、咸丰（1851-1861年）和同治（1862-1874年）的年款。不过此椅的搭脑扶手的用料更薄，而且所有里侧都削平省料（形成外圆底平的断面），踏脚掌的尺寸也小于更早期的实例，可见19世纪和20世纪之交，已有材料日益稀少的景况。

图录33

图录132

注释：

⑭ 一张刻有山西省记及年号（1662年），并有直枨的酒桌。南希伯利纳和韩德勒，页100~101。

⑮ 在李汝宽书中，页306~307列出了一个风格相似的架子。

⑯ 在波德利，页118展示出一个风格相似，收藏于巴黎吉美博物馆的的香几。

⑰ 张德祥，（1997年），页34~39。

⑱ 戴维，页60。

⑲ 克劳那斯，（1996年），页25。

⑳ 克劳那斯，（1991年），页177。

㉑ 史宾斯，页172。

图录18

1. 酒坛式座墩

年代：16-17 世纪

产地：山西

材质：不知名实心木料

尺寸：直径 40 厘米 / 高 45 厘米

　　此凳造型独特，由一块实心木材凿成酒坛模样。虽饱经岁月洗礼，表面仍可见原制漆痕；三面开光沿边起线，露出平滑的内腔里皮。底部虽因湿气和虫蛀略有损坏，但仍属完整。

黑白插图：酒坛凳，明代《西厢记》册页图局部，传为仇英所做。

2. 鼓墩

年代：16-17 世纪

产地：山西

材质：槐木

尺寸：直径 30 厘米 / 高 31 厘米

　　此小鼓墩以实心槐木做成。上下缘各有一圈钉帽纹和弦纹，模仿皮紧绷鼓的堂鼓。此凳应有数百年的历史，底部略有损坏，表面残留黑漆。

黑白插图：鼓凳，明崇祯年间（1628-1644年）《绿窗女史》木刻版画。

1

2

3. 三腿鼓架凳

年代：17-18 世纪

产地：山西

材质：不知名实心木料

尺寸：直径 39 厘米 / 高 51.7 厘米

此张独特的三脚凳以实心木材制成。浑厚的凳面状似一面小鼓，光素无华的牙子以夹头榫下接三根圆腿。通体经过岁月摩挲，皮壳深刻，至少有 200 年历史。

4. 圆凳四张

年代：清嘉庆时期（1818 年）

产地：山西

材质：北榆（榆木）

尺寸：直径 27.3 厘米 / 高 49.5 厘米

四张凳面的底侧均有嘉庆二十三年（1818 年）的年款，而且从题识可知原来共有九张，由匠师王克助制作。圆凳虽然成于 19 世纪初期，但却承袭宋代以降的早期传统风格，凳足采缩进式撇腿安装的案形结构。四腿出榫和实心凳面相结合，并以双掌互相连接。圆凳表面原髹薄层红褐漆。

· 黑白插图：圆凳，清代木刻版画。

3

4

5. 海棠面方凳（一对）

年代：18 世纪

产地：山西

材质：北榆（榆木）

尺寸：直径 42 厘米 / 高 50.2 厘米

此凳的风格比几个前例更具乡土气息。尽管结构一样结实，但是装饰更为花哨，也保留着薄层的暗色漆。心圆盘凳面塑出六瓣花形委角。四腿足采缩进式安装，上出榫头至凳面拍合；腿间上截四面安横掌、插矮老与凳面底侧相接，中截两侧置双掌，下截前、后向则各用单掌连接作踏脚。在上的连腿掌下接牙条馊镂云头纹并沿边起线，在下的踏脚掌则下连素直牙条。除了牙子为后配及几处小修补外，圆凳的保存大致完好。

6. 壶门券口方凳

年代：18 世纪

产地：山西

材质：北榆（榆木）

尺寸：长 42 厘米 / 宽 42 厘米 / 高 54.5 厘米

高束腰凳之先例可见于金代董明之墓（1210 年）的砖雕上，墓主所坐的类似的凳子。此凳的风格也近似于其他糅朱、黑漆的坐椅（图录 25-26）。凳下半截安券口牙子和踏脚掌，与一般坐椅的下截很相似。

格角榫接边框标准制式的凳面设软屉。凳腿和踏脚掌打洼并起委角。束腰嵌板并凿出细长海棠形开孔，中央置分心花。下方的券口牙子在中间镂挖一个向内凹进的小三角尖，到两肩处转圆成弧角（译注：即壶门形轮廓），直下起凸缘翻转卷叶纹。踏脚掌下安角牙。

黑白插图：高束腰凳，山西侯马金代董明之墓（1210 年）的砖刻。

5

6

7. 弯腿五足圆凳（一对）

年代：17-18 世纪

产地：山西

材质：北榆（榆木）

尺寸：直径 51.5 厘米 / 高 49.5 厘米

对凳原本涂有一层红褐漆，类似的鼓腿式圆凳在晚明的木刻插图中很常见。实心板的凳面沿边刨出圆浑凸面，束腰刻回纹，和牙子一起以长钉钉入凳面底侧。腿子以简化的插肩榫结合牙子，再以铁钉钉合。鼓腿则以低浅的内翻卷足作终；足底侧留有方形的榫舌遗迹，显示本有托泥。

此凳的榫卯结构虽不算讲究，但仍能保存完好，两凳各有一牙子为新制替代品。

黑白插图：圆凳，明代《绣刻演剧》木刻插画。

7

8. 四足三弯腿禅凳

年代：17-18 世纪

产地：山西

材质：北榆（榆木）

尺寸：直径 64 厘米 / 高 52 厘米

    三弯腿黑漆大圆凳造型绝妙精致，凳面的圆弧形边框以楔钉榫及斜置 45 度角的楔钉拼接，内侧打眼织软屉。束腰和牙子并非一体连做；轮廓平伏的彭牙配上曲线陡弯的腿肩，对比耐人寻味。腿足锼挖外翻如意作终，岂不妙有如意杖四把！环形托泥为原制，内圈兜出海棠轮廓。

9. 三弯腿雕花方凳（一对）

年代：19 世纪

产地：山西

材质：北榆（榆木）

尺寸：长 51 厘米 / 宽 51 厘米 / 高 52 厘米

    三弯腿方凳采有束腰桌形结构，整体洋溢着浓厚的地方性乡土特色，外表髹以红褐色的半透明漆，并有十分精致的雕琢。

    矩形的坐面边框施委角，并平镶硬屉板心。束腰透雕螭龙和灵芝，牙条浮雕蔓生枝花。四腿刻有吞头兽，下接细长拐子纹的垂饰象征怪兽的鼻子；凳腿上方透雕螭龙纹的角牙势如兽头插翅；腿柱沿边起线以吐露芽苞的外翻如意足作终。罗锅掌也沿边起线，下安透雕的小角牙。

    对凳的风格和一组同样是三弯腿、罗锅掌及铲地浮雕装饰的黄花梨凳[①]颇为类似，可能也是出自晋陕之地。束腰的雕刻部分和一些角牙为新制替代品。

8

9

10. 瘿木蘑菇形墩

年代：18–19 世纪

产地：山西

尺寸：直径 54 厘米 / 高 51.5 厘米

    中国各地都有以结瘤树根做家具的传统，是受到了道家崇尚自然的启发。此凳取材自材质细腻、瘿子盘绕的树干或大树枝，状如菇菌，浑然天成，赏心悦目。从温润的皮壳看来，此凳显然历来受人欣赏使用。

11. 树根座墩

年代：18 世纪

产地：山西

材质：树根和果木

尺寸：直径 36 厘米 / 高 51 厘米

    此凳是由树根状的空心树干做成，实心的果木凳面和腿墩以铁钉接合。

10

11

12. 罗锅枨春凳

年代：18 世纪

产地：山西

材质：槐木

尺寸：长 123 厘米 / 宽 52 厘米 / 高 51 厘米

此凳体积大于一般，选用密实的槐木用料，制作上毫不惜料。坐面边框板面宽阔，软屉仅织单层，应为原制。表面保有薄层红褐漆的痕迹；边框底侧也糅涂厚料朱漆，连带打眼织屉的边缝部位也一道被涂刷覆盖。

黑白插图：春凳，清康熙年间（1662-1722 年）《扬州梦》木刻版画。

13. 无束腰直腿春凳（一对）

年代：18 世纪

产地：山西

材质：柞木

尺寸：长 101.5 厘米 / 宽 31.5 厘米 / 高 48 厘米

此对春凳以上等柞木做成，表面仍残存半透明薄漆。案形（缩进式腿足）直腿的形式从 18 世纪起日益流行，是中国南北方皆有的传统风格。

标准式边框凳面既镶硬屉又铺藤席，边框及四腿则打洼面起委角。牙子表面平地浮雕，以细致的方形卷纹作装饰，对内则为直腿提供支撑。

14. 仿竹节春凳

年代：19 世纪

产地：山西

材质：核桃木

尺寸：长 115 厘米 / 宽 26.5 厘米 / 高 50.5 厘米

此张春凳采取仿竹节技法制作。圆材构件间的接合与裹腿，以及四腿和掌子上的竹节纹雕刻，都做到竹家具的效果。核桃木色泽温暖，质地平滑，更进一步造就竹制家具的错觉。

标准式坐面边框采平镶硬屉。罗锅枨为腿足提供支撑，也饰以两两相抵、曲卷节芽的浮雕装饰。就地取材的核桃木以及花哨风格罗锅枨，难不流露些许乡土特色。

12

13

14

15. 软藤面四出头官帽椅（一对）

年代：17 世纪
产地：山西
材质：北榆（榆木）
尺寸：长 58.5 厘米 / 宽 44.5 厘米 / 高 125.5 厘米；座高 56 厘米

图录 15 至 18 的四出头官帽椅，除了固有的传统风格外，还有一个共同的特色，就是搭脑和扶手的末端都以水珠形作终。

对椅造型古典，不但做工精致，而且线条优雅，和最上乘同款的黄花梨坐椅范例②不相上下。此外，座椅高达 125 厘米，尺寸超出一般。某些表面还残留一层褐色薄漆。

突出的搭脑和扶手造型圆润，S 形靠背板光素无饰，鹅脖也安角牙。椅面边框以格角揣揣榫拼接，座面底侧有两根弯带支撑，边框内侧凿眼以安装织藤屉面，外缘则刨凸面（译注：混面轮廓）线脚。坐椅看面下方的券口牙子沿边起线，勾勒出一方透空之曲线美，两侧和后方则安素牙子。看面的踏脚掌两端削成弧切面裹住相交的圆腿，其下安牙条；两侧及后方的管脚掌则削出扁圆面扁平底的轮廓。其中一张座椅略有修补。

黑白插图：四出头官帽椅，明崇祯年间（1628-1644 年）《金瓶梅》木刻版画。

16. 四出头黑漆描金官帽椅（一对）

年代：16-17 世纪
产地：山西
材质：北榆（榆木）
尺寸：长 59.5 厘米 / 宽 48 厘米 / 高 119.5 厘米；座高 52.5 厘米

此对古典明式官帽椅，在原来的朱、黑漆上遍生美丽细致的断纹。靠背板依稀可以看见辽金主题的描金风景画，"春水"是老鹰俯袭鹅，"秋山"则是山林群鹿。春水画保留较为完整，透露出晚明的风格[3]。

联帮棍采瓶竹造型，前方的鹅脖安角牙。软屉座面的边框构件以双揣揣格角榫（即格角榫的一种别致变体，参见图四十七 c，页 52）来拼接，后端由后腿贯穿座面固定，前端则由前腿出长榫嵌合。椅面下置券口牙子，两端兜转雍容大方的弧角，管脚枨的处理虽然和前例相同，此处枨的断面却呈圆形。

此对官帽椅能够保存良好，实属万幸，也要归功于上乘的做工。

17. 四出头官帽椅（一对）

年代：清嘉庆年间（1797 年）
产地：山西
材质：北榆（榆木）
尺寸：长 57 厘米 / 宽 44 厘米 / 高 122 厘米；座高 54 厘米

18. 四出头官帽椅（一对）

年代：清光绪年间（1902 年）
产地：山西
材质：北榆（榆木）
尺寸：长 57 厘米 / 宽 42.5 厘米 / 高 124 厘米；座高 51 厘米

两组对椅都是山西省一脉相传的风格和特色，椅面底侧有年款，一张是嘉庆二年（1797 年），另一张是光绪二十八年（1902 年）。近来也发现一些明式座椅带有 19 世纪的道光、咸丰和同治时期的年款。

虽然座椅的结构和前例（图录 15-16）极为相似，但还是有一些细微的差异。19 世纪座椅的搭脑背面和扶手把底侧面常被削平呈扁平状。虽然乍看之下与标准形制无异，但是用手一握却能立刻感到其中差异。这组的椅面边框是标准的格角榫拼接，然而揣揣榫也很常见。19 世纪的座椅常采硬屉座面，嘉庆一例有原制藤席贴在硬屉板上。19 世纪的管脚枨通常较以往细瘦，但仍常采取早期传统的步步高赶枨的排列式。

两组对椅都有薄料红褐色糅漆。光绪一例的靠背板依稀可以看到曾被描金勾勒出光灿灿的文人风景画的残迹。

17

18

19. 灯挂椅（一对）

年代：17世纪
产地：山西
材质：槐木
尺寸：长52.5厘米/宽39.5厘米/高107.5厘米；座高47.5厘米

灯挂椅造型传统，尽管尺寸不大，但纱帽翅式搭脑却昂然挺立，气概不凡。座椅边框格角榫镶硬屉，座面看面下方安券口牙子，两侧及后端则饰以素牙子。下方为步步高赶枨，踏脚枨下有小角牙。

座椅表面仍有半透明漆痕，两椅的券口牙子上的横向牙板均为新制替代品。

黑白插图：灯挂椅，明代《绣刻演剧》木刻插画。

20. 灯挂椅（一对）

年代：19世纪

产地：山西

材质：榆木及其他杂木

尺寸：长51厘米/宽41.5厘米/高121.5厘米；座高53厘米

灯挂椅造型典雅修长，搭脑蜿蜒圆润，整体清新可爱。座面边框以格角揣揣榫和腿子出榫钉穿固定而共同构合，硬屉座上贴有一面新制后配的藤席。看面券口牙子的雕刻纹饰花哨，具有乡土风格；踏脚掌尾端削薄呈弧切面，以裹住相交的圆腿，是19世纪山西椅子又一特色细节。两侧及后方的管脚掌呈矩形断面，座椅表面多处残留红褐色薄漆。

21. 朱红漆四出头官帽椅

年代：16–17 世纪
产地：山西
材质：北榆（榆木）和朱漆
尺寸：长 57 厘米 / 宽 46 厘米 / 高 110 厘米；座高 48 厘米

图录 21 至 25 的官帽椅的风格极为类似，搭脑和扶手的末端直切，非水珠形。

此椅略小于几个前例，厚料红褐漆因为年代久远而丛生断纹，露出糊贴其下的细织衬布。搭脑与靠背板的衔接流畅犹如无缝天衣，坐起来也分外舒适。后腿（座面以上的一截）向上后倾弯曲的造形，晚明时期山西的四出头官帽椅和南官帽椅也很常见（参见图录 19，27，28）。

前腿与鹅脖一木连做，贯穿座面边框为扶手提供支撑。软屉座面边框格角榫，板边起凸面。座面正下方安直券口牙子，边线全无。底部有步步高赶枨，铇出扁圆面扁平底的断面。踏脚掌下安一根直牙条。

22. 四出头官帽椅（一对）

年代：17 世纪

产地：山西

材质：北榆（榆木）

尺寸：长 58 厘米 / 宽 45 厘米 / 高 112 厘米；座高 53 厘米

此张晚明风格的扶手椅高大俊挺，与类似的黄花梨座椅不相上下④。表面仍保有半透明薄漆以及曾用铁条来固定搭脑所留下的痕迹，据推断应是早期的修复。

靠背独板呈 S 形，联帮棍和鹅脖亦呈 S 形，一后一前呈平行同步曲弯。座面边框格角榫，内侧凿眼编织软屉，边框略厚，立面做出标准的双 S 曲线的线脚（译者：近似冰盘沿线脚）。

座面正下方安券口牙子，缘边起阳线，两侧及后方安素牙子。底部有步步高赶枨，踏脚枨下安牙条并以斜裁削窄向上拉高的牙头收尾，两侧及后方的管脚枨为扁圆面扁平底的断面。

黑白插图：四出头官帽椅，晚明《梦境记》的木刻插图。

23. 四出头官帽椅（一对）

年代：18世纪

产地：山西

材质：北榆（榆木）

尺寸：长56.5厘米/宽42厘米/高99厘米；座高48厘米

此对朱漆座椅造型传统。C形曲线靠背向后倾，板面略宽，中央浮雕一寿字，为习见的装饰雕刻。

硬屉座面格角榫边框，板边刨出上舒下敛的曲线断面，且下压边线作终（译注：又名简单式冰盘沿）。座面四面下方均安素直券口牙子；除后侧之外，其余三面缘边都盘一道细阳线。四面的管脚枨皆安牙条，展现"脚踏实地"的风范。

黑白插图：四出头官帽椅，清康熙年间（1662–1722年）《扬州梦》的木刻插画。

24. 后背板开光软藤面四出头官帽椅（一对）

年代：14-15 世纪
产地：山西
材质：槐木
尺寸：长 61 厘米 / 宽 45.5 厘米 / 高 103 厘米；座高 52.5 厘米

对椅有纱帽翅式的搭脑和弯弓形的靠背板，线条强烈、夺目。原制为糊布髹黑漆，并以朱漆勾勒靠背开孔的和亮脚的以及券口牙子的阳线和其他细部。靠背板分三截，中段原就是一块藤编软屉。扶手有鹅脖支撑在前，联帮棍在两旁。瓶竹造型的联帮棍具"竹报平安"的寓意（译注：在外求取功名的文人仕子以竹笔家书报平安），显示着孕育仕宦的儒家思想体系，追求学而优则仕的功成名就的美德，也是山西座椅的特色。

座面格角榫边框，内圈凿眼安软屉，板边刨出平行对称的双层凸面线脚（译注：又名辟料线脚）。前腿出榫与座面边框结合。座下四面均安券口牙子，以铁钉钉至椅腿及座面边框底侧。券口牙子有尖锐的钩状凸缘并雕刻出花叶纹的装饰。

正面踏脚以铁片包镶，并以鼓钉固定，其下显示好像不曾有安过牙条的迹象，但两侧及后方的管脚枨却安上了牙条。其中一张座椅的踏脚枨为后配。此对椅为早期的传统风格，并洋溢着宗教气息。

25. 四出头官帽椅（一对）

年代：17-18 世纪
产地：山西
材质：北榆（榆木）
尺寸：长 56 厘米 / 宽 44 厘米 / 高 108 厘米；座高 57.5 厘米

此椅和前例（图录 24）虽有几分类似，但若把两者并排，立刻能看出此椅强烈的乡土风格和晚期造型等细微的差异。这也可以从搭脑两端上翘更多和座下加装束腰的细部看出端倪。对椅加了腰部，其实是在座面下方和横掌之间嵌置绦环板，使座面高于一般（57.5 厘米），更适合体面的正式场合使用。原漆表大致存留，还透见糊贴在黑漆下的细致底布，朱漆则勾勒装采。

靠背板分三截，上下两截透雕花哨的花叶纹，中截的彩绘已经漫散无法辨识。瓶竹造型的联帮棍以荷叶盖顶，透露"和平"的寓意（请看图 13，页 24）。

座椅边框格角揣揣榫，由椅腿出榫接合，内侧凿眼以安装软屉。前方和两侧的仿束腰绦环板凿出海棠式开光，券口牙子镂挖起钩凸缘并透雕花哨的花叶纹。踏脚板下方的原制牙条不复在（照片所见是新制替代品）；好在前腿下方还残留一个原制、秀气的云头小足（另一个为新制替代品），显示了早期装饰风格；整体视之好像一张小脚凳。

26. 南官帽椅（一对）

年代：17–18 世纪

产地：山西

材质：北榆（榆木）

尺寸：长 57 厘米 / 宽 42.5 厘米 / 高 104 厘米；座高 56.5 厘米

此椅的风格和图录 25 极为相似，都有"瓶竹莲"式联帮棍、仿束腰绦环板以及透雕的券口牙子，极可能是出自同一工坊。原制黑漆和朱漆大体保存良好，只是底层糊布的应用仅限于部件的接合处。

靠背攒框打槽装板，分成四截，上下两侧安角牙装饰。下方两边各安一块透雕渔网织纹的围栏窄板与座面相接。晚明的《虎符记》木刻插画曾见类似的南官帽椅。

和图录 25 前例类似，座面边框也采取揣揣格角榫，并以腿子贯穿固合，内侧凿眼以安装软屉。踏脚掌下方的牙条完整无缺，两端各置短小三弯腿，显露高贵气息。

黑白插图：南官帽椅，晚明《虎符记》的木刻插画。

27. 南官帽椅（一对）

年代：16–17 世纪

产地：山西

材质：槐木及黑漆

尺寸：长 59 厘米 / 宽 46 厘米 / 高 112 厘米；座高 54 厘米

南官帽椅用料厚实，造型坚固耐用，糊底布髹黑漆，并以朱漆勾勒阳线和雕刻装饰。后腿上截和靠背板同步后仰倾弯。靠背为三攒框打槽装板，上截锼镂缠枝卷草纹的如意透光孔；中截平板光素无饰，猜测原本可能有彩绘；下截挖如意形亮脚。联帮棍采瓶竹造型。从以下晚明江南地区的木刻版画观之，这是一种曾经广为流行的传统造型。

座面边框格角榫拼接，内安软屉，框边厚实，饰以传统的冰盘沿线脚；底侧有两根穿带，出长榫并穿透座面大边以加固。券口牙子以龙凤榫直交座面，并和腿子内侧卯合，为相当罕见的技法。看面的牙子沿边起阳线，把壶门式和花叶卷钩纹所形成的透空轮廓突显出来，两侧及后方的壶门券口牙子则边线全免，也无凸缘。踏脚枨及管脚枨的高度一致，下安牙条，展现稳重的气派。

此对椅的保存尚称良好，其中一椅的靠背透光孔镶板、联帮棍、管脚枨和下方的牙条为新作后配。

黑白插图：南官帽椅，明崇祯十二年（1639 年）《瑞世良英》的木刻插画。

28. 南官帽椅（一对）

年代：16-17 世纪
产地：山西
材质：槐木与黑漆
产地：长 59.5 厘米 / 宽 48 厘米 /
　　　高 95.5 厘米；座高 53 厘米

此对椅也是糊布髹黑漆，如今遍生深裂的断纹。

南官帽椅的风格和前例颇为相似，但仍有几处相异。除了藤席面心内藏板屉之外，座面边框下缘另钉一层等高的凸面线脚，造成竹制家具的多层次劈料效果。在始于晚明而盛于清代的仿竹家具中，这应该是一个早期范例。

此对椅的保存相当良好，只有其中一张的正面牙条散佚。

29. 南官帽椅

年代：16-17 世纪

产地：山西

材质：北榆（榆木）或槐木

产地：长 60 厘米 / 宽 46.5 厘米 / 高 118.5 厘米；座高 48 厘米

此椅原在蓝灰色的糊布（图十八，页 31）上髹黑漆，不过大多已脱落。搭脑浑厚，C 型曲线靠背板宽阔，联帮棍笔直，这些特征都和江南地区上海近郊官吏潘允征之墓（1589 年）出土的明器很像。黄花梨南官帽椅也有很多类似的造型⑤，显示这是一种标准形制，并没有明显的地区特色。此椅以山西当地的木材制成，可见这类型的椅子并非全由南方引进。

此椅搭脑异常浑厚，且未与宽阔的靠背板齐平接。后腿上截和搭脑相接处有角牙安固，前脚和扶手相接处亦然。座面相当低矮，扶手则相对提高，再加上两侧有上敛下舒、修长的联帮棍，形成相当包夹的座位空间。座面原为软屉，边框格角榫拼接。座面下方四周都有素直的券口牙子，管脚枨下亦安牙条。

此椅初被发现时就是成对，但是后来发现其中一把是赝品，它不但按照原来造型小心复制，而且还糊布髹层层黑漆并做出逼真的断纹。由于早期的榆木家具在目前价值不菲，不法商人会以赝品鱼目混珠。因此收藏家更应该谨记古董界的名言："买主当心"。

黑白插图：南官帽椅，上海近郊潘允征之墓（1589 年）出土的明器模型。

30. 南官帽椅（一对）

年代：17世纪
产地：山西
材质：北榆（榆木）
尺寸：长62厘米 / 宽46厘米 /
　　　高111厘米；座高51.5厘米

此对椅和前例一样体量十足，但造型上更具雕塑品相。原制厚料黑漆的残迹仍在，揭露出只有接缝处糊布包缠的真相。

搭脑两肩略为上翘，中央凸起高耸并齐平衔接宽阔的S形靠背板。扶手蜿蜒曲折扭头外翘作终。鹅脖和后腿上截与座面相接处皆安方形基座。

标准格角榫座面边框，板边起一般凸面线脚；内侧凿眼安软屉，如今已改为硬板铺藤席。正面壸门券口牙子，两侧及后面则安素牙子。踏脚枨及管脚枨下方都置牙条。

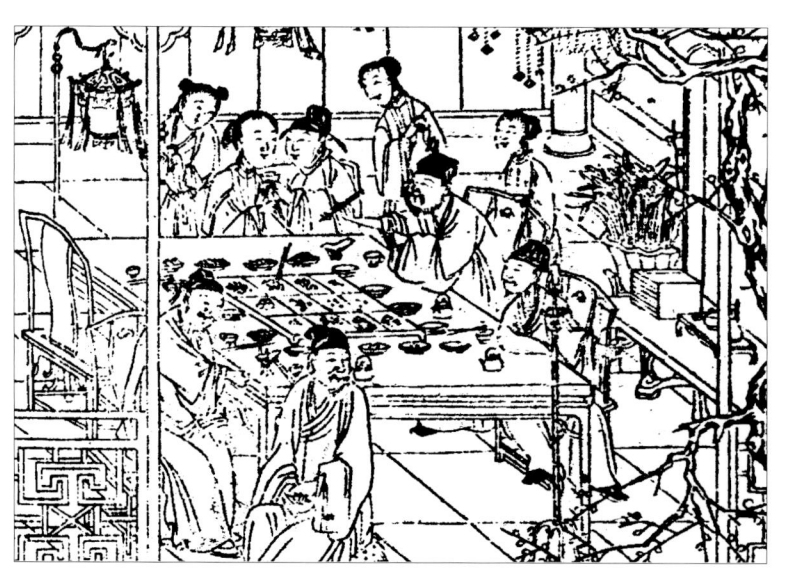

黑白插图：南官帽椅，清康熙（1662-1722年）《扬州梦》木刻插图。

31. 扇形南官帽椅

年代：17 世纪

产地：山西

材质：北榆（榆木）与褐漆

尺寸：长 72.5 厘米 / 宽 53 厘米 / 高 110 厘米；座高 49 厘米

此椅原在疏织的贴布上髹褐漆，经过岁月洗礼而留下深蕴其表的瑰丽色泽和细致断纹。做工之讲究与硬木家具不遑多让。扇形座面也和王世襄曾收藏的一组四张紫檀椅[6]以及静观堂原来收藏的一对黄花梨罗锅枨座椅[7]很类似。

扇形座面非常宽敞，整体结构极为空灵，表面光素无饰。罗锅枨造型雅致，上插两根矮老。管脚枨下侧（两侧及后侧的）做缺牙条，与此椅流畅简练的线条相辅相成，确实是一件美丽的家具。

32. 朱红漆南官帽椅（一对）

年代：17 世纪

产地：山西

材质：北榆（榆木）与朱漆

尺寸：长 60.5 厘米 / 宽 45 厘米 /
　　　高 119 厘米；座高 52 厘米

髹薄层朱漆前未在木胎上糊布的南官帽椅造型传统，样式挺拔优雅，通体含有暗示步步高升的幽微细节。靠背攒框打槽镶曲线独板，不分截，独特少见⑧。瓶竹形的联帮棍纤细修长，节节高升直攀扶手，高拱的罗锅枨状如撑举座面，底下的步步高赶枨意味"步步高升"的传统形制。

另有两点值得注意：硬屉座面底侧披麻灰漆。管脚枨为扁圆面扁平底的断面。

33. 南官帽椅（一对）

年代：清道光年间（1837年）
产地：山西
材质：核桃木
尺寸：长56厘米 / 宽43厘米 / 高97厘米；座高51厘米

　　此对椅是这组依年代顺序排列的最后一对南官帽椅。靠背板后的年款指出这是道光十七年（1837年）孙家文安堂添购的家具。虽然属于明式造型，但前述范例身上所显见的生动、婀娜多姿的线条已不复见。后腿上截的弧度甚小，S形靠背板也显得僵化。可说是一件细致、装饰精美却无甚特色的清代明式制品。

　　话虽如此，可是精致的做工和雕刻仍然值得一提。靠背板从一般的三截另辟蹊径，共分为四截。其中两截浮雕如意方开光和翔龙圆开光，下接一截纹理生动的核桃木嵌板，最后一截挖亮脚。格角榫座面边框平镶硬屉。管脚枨采步步高赶式，踏脚枨下方的两端牙头斜裁削窄向上拉高，是华北的特殊风格。

34. 黑大漆圈椅四只

年代：17 世纪

产地：山西

材质：北榆（榆木）与黑漆

尺寸：长 56.5 厘米 / 宽 45 厘米 / 高 94 厘米；座高 49.5 厘米

这组圈椅糊布髹黑漆，造型和许多晚明古典明式黄花梨的圈椅类似，但在榆、楠和核桃木等本土性硬木制成的圈椅中较不常见。后者，大部分采取较厚的边框构件，看来较为沉重。

椅圈为三接并以楔钉榫斜置楔钉 45 度的手法（图四十九，页 53）拼接，以下几个范例（图录 35-37）亦同。这种技法，使相接的圆材表面紧密嵌合，可能是始于山西。S 形靠背板上端刻出一窠如意开光，并髹淡荤金漆。座面边框采格角榫拼接，四个角端各加出一个小透榫⑨，以防止接合的表面随着时间失去平整。原制屉心已有破损（图四十二，页 48）。座面正下方有券口牙子——镂挖壶门尖、卷转起钩的花叶纹以及拱形肩等凹凸起伏的轮廓于一处；两侧为"洼堂肚"券口牙子，后方则安简素的牙子。管脚掌采步步高赶式。

其中一张圈椅似为后来仿制，用以取代已严重损坏或遗失的一张。它的不同之处在于漆层薄、未糊布，而且一些结构技法也略有差异。

黑白插图：圈椅，晚明《水浒传》的木刻插画。

35. 圈椅（一对）

年代：17–18 世纪

产地：山西

材质：北榆（榆木）

尺寸：长 61.5 厘米 / 宽 47.5 厘米 / 高 101 厘米；座高 49.5 厘米

此对圈椅在山西初被发现时，原有的黑色薄漆因磨损而几乎消失殆尽。另外有几对众所周知、造型相似的圈椅，当中有些还保存原制朱漆及描金的雕刻细节[1]。这类圈椅通体以上等榆木制成，尺寸宽大，装饰风格带有明显的乡土特色。

椅圈为三接并以楔钉榫斜置手法拼接。前腿和后腿上截的两旁均饰有狭长的雕花角牙，既收装饰效果，也为扶手提供支撑。靠背板分成五截，中央浮雕生动的麒麟，上下两端的狭长嵌骨镂花形纹，最上截透雕一窠如意，最下截挖亮脚。

标准格角榫攒框座面，里侧凿眼安软屉，但现在已改成硬屉贴藤席。高拱罗锅枨与牙条相抵，这种造型在座椅中并不常见，在桌案，特别是一腿三牙式的，则较为普遍，在山西则相当常见（参见图录68）。

此对椅的保存相当完好，仅有前后腿两侧的角牙、牙条、罗锅枨和踏脚枨牙条等小遗缺，但都已修复。

36. 楠木描金圈椅

年代：18世纪

产地：山西

材质：楠木与黑漆

尺寸：长 66 厘米 / 宽 73 厘米 / 高 94.5 厘米；座面长 65 厘米 / 宽 50.5 厘米 / 高 52 厘米

此椅采珍贵的楠木精制而成，表面略施黑漆，雕刻处则底涂朱漆细节贴金，造成华美的装饰效果。木刻及绘画上常描绘这种座面宽大、有束腰、桌形腿结构的座椅为达官贵人所用，然而传世的实物品极少。选料极精，而且做工讲究，才得以保存完好。

纤细的椅圈大幅向后蜿蜒。后腿上截起 S 形弧度并顺势顶接已出界座面的椅圈；上敛下舒的联帮棍和前腿上截则双双谱出婉转曲折的扶手奏鸣曲。靠背板上端的圆透光内刻有一翔龙，下截浮雕两龙歙鼻相抵而顺势巧妙挖出如意形亮脚。另一对完全相同的圈椅则饰以凤凰相抵的亮脚，显示原来应有四张成套，也可能是工坊的制式产品[11]。

座面边框格角榫攒框拼接，平镶硬屉贴藤席。牙条和束腰一木连做，以燕尾穿销穿过里皮的槽口出榫，与座面大边底侧拼合。束腰盘阳线。罗锅枨式的管脚枨也步步高赶，四腿以马蹄足作终。

黑白插图：晚明《古杂剧》的木刻插画。

37. 圈椅（一对）

年代：18–19 世纪
产地：山西
材质：核桃木及黄杨木镶嵌
尺寸：长 57 厘米 / 宽 44 厘米 /
高 91.5 厘米；座高 50 厘米

俊俏的圈椅属传统风格，可与黄花梨的实例相媲美[12]。暖色系的核桃木及平滑的肌理透着原髹的半透明薄漆层，显现如今美妙的皮壳。圆材椅圈三接，以楔丁榫拼接；椅圈尽端并未截断出头而是持续延伸为鹅脖，形成一体。靠背板镶有一个黄杨木的圆开光片，浮雕云端祥龙。

座面边框格角榫，攒框装板贴席。牙条选用质地软、纹理细的白杨木制成。髹漆或彩绘家具时常会采用不同树种的木料拼合制作；依其材质特色的不同，分别应用在结构部位或细部装饰等不同功能的构件上。椅子两侧的双直掌形状是扁圆面扁平底的断面。踏脚掌包覆一层保护性的黄铜片，下方的牙条都是新制替代品。

黑白插图：圈椅，晚明《水浒传》的木刻插画。

38. 清式三围板雕龙椅（一对）

年代：18 世纪

产地：山西

材质：核桃木

尺寸：长 53.5 厘米 / 宽 63.5 厘米 / 高 91 厘米；座高 52.5 厘米

对椅的结构仿佛是在束腰凳上安装床围子。三面独板围子，板边去棱磨圆，透雕古意的云龙纹，是 18 世纪的典型风格[13]。尽管此类座椅多半靠背平直，此椅的靠背却略有弧度，坐起来更为舒适。

基座部分类似有束腰的凳子，上安硬屉贴藤席面心。牙条透雕成列的如意并倒悬在高束腰下方，与齐高的管脚掌下方的透雕如意牙条互相辉映。腿子上另接透雕的花角牙。

围子曾略经修补，半数的角牙和管脚掌牙条为替代新制品。

黑白插图：清康熙年间（1662—1722 年）《圣谕像解》的木刻插画。

39. 黑大漆圆背交椅

年代：16-17 世纪
产地：山西
材质：北榆（榆木）
尺寸：长 70 厘米 / 宽 61 厘米 / 高 103 厘米

此椅糊布髹黑漆，保存大致完好，但遍生断纹。造型简单，表面光素无饰。接合处没有铜铁包镶或饰叶，却缠以布料加固。晋陕两地的明代墓葬曾出土很多形制类似的明器。

椅圈三接，其中一段为新制后配。后腿和扶手相接处使用狭长的立材作角牙强固，一直延伸到扶手底侧。在硬木家具中，则惯用金属包镶饰片做补强。

座面的织席应为原制（图四十三，页 49），初看座屉狭窄，以为有误；但座面与贴地横掌落地的角度一致平行，因此断定为原座面。又，贴地横掌造型做出 45 度斜坡面。连接两腿的锻铁铆钉在贯穿腿柱出轴后，套上如意形护眼钱叶面，再安上锤头帽。

踏床的设计特别值得一提，壶门形牙条下接小弯腿，以抱珠卷足作终。这种圆润流畅的线条在清代的明式家具中相当罕见。

黑白插图：交椅，明代三彩陶制明器，山西地区。

40. 柞木包铁活戗银交椅

年代：17 世纪
产地：山东
材质：柞木（高丽木）
尺寸：长 73 厘米 / 宽 67 厘米 / 高 98 厘米；座高 51 厘米

此张高丽木交椅在山东发现，做工精良，可与宫廷作坊的黄花梨交椅相提并论[14]，毫不逊色。交椅本来髹朱漆和金漆，但在 20 世纪初年已多剥落，而以黄漆和黑漆重髹，但目前已除去这层新漆。

椅圈三接，无任何加固的饰件。握柄向外翻卷，外侧则安角牙（丁字形立材）补强，浮雕云端祥龙的纹饰。C 形靠背板浮雕一枚如意形开光，并镂出白鹤飞舞之景，这是高官的表征，风格则属明式。

如上文提到的黄花梨范例，此椅也有铁饰戗银包镶，不过工艺更胜一筹。搭脑和靠背的结合处有铁制夹带加固，形如倒挂的如意云头，面则刻镂缠枝莲纹掐银丝。连接腿子和扶手的包角和装饰镶片除了缠枝莲纹外，还有圆形的白鹤纹掐银丝。

踏床和把手下方的角牙为新制后配，屉面也经过重织。

黑白插图：交椅，明崇祯十二年（1639 年）《瑞世良英》木刻插图。

40

41. 黑大漆彩绘交椅

年代：17-18 世纪

产地：山西

材质：北榆（榆木）

尺寸：长 58 厘米 / 宽 71.5 厘米 / 高 93 厘米

此张黑漆交椅在雕刻处以朱漆髹饰。靠背板中截以朱、金漆描绘一幅山水画，上下两截细勾点点金叶。此椅的保存情况非常难得，田家青的《清式家具》也收录一张类似的交椅[15]，亦呈现浓厚的山西乡土风格。

椅圈的斜度不大，几近水平，接近靠背处的圆材直径较粗，越近把手处则趋于尖细。腿子与手把底侧交接处安立材角牙强化。两腿以铁轴钉接合，踏床则落脚于贴地横掌上。

黑白插图：交椅，晚明《分金记》的木刻插画。

42. 灯挂交椅

年代：16-17 世纪
产地：山西
材质：槐木
尺寸：长 60.5 厘米 / 宽 58 厘米 / 高 102 厘米；座高 58 厘米

此类交椅最早可见于宋代的《清明上河图》。16 世纪时一对类似的交椅飘洋过海来到西班牙王室，可能是在马尼拉向中国贸易商购得[16]。这种款式常见于明代的木刻版画以及晋陕出土的明器。许多实物都是过去十年中在山西发现的。

此椅造型结实而有力，十足的雕塑品相。搭脑曲线灵活，两端下扣后腿上截和 C 形靠背板，一前一后、一凸一凹，形成强烈的视觉张力。下方有造型传神的踏床及灵秀的三弯腿。优美细腻的雕刻局部与整体风格融为一体。铁轴承（铰链）部件也显示出早期华丽的装饰风格（见局部图）。

表层还保有大部分的原制黑漆，其下则薄施漆灰层。

交椅上的原制黑褐糅漆遍生断纹，接合处以沾漆的布料包缠加固。搭脑呈高拱的官帽轮廓，靠背三节攒框，下截两侧有突出的站牙支撑。轴钉配件为后配。

此椅初发现时还有另外一张与之成对，但后来发现是赝品。两椅都覆盖层层的泥土，赝品的织屉故意残破不堪。伪造者以这种伎俩鱼目混珠，等到赝品被人发现伪劣时，早已不知去向。

黑白插图：交椅，晚明《香山还带记》的木刻插画。

43. 三人交椅

年代：18-19 世纪

产地：山西

材质：槐木

尺寸：长 147 厘米 / 宽 46 厘米 / 高 99 厘米

两人[17]、三人或四人交椅是一种山西特色，可能是用于观赏音乐杂剧演出（有装饰靠背板的长椅亦然）[18]。晋南发掘的几座金朝墓葬中有杂剧舞台的明器[19]，而近来有关元杂剧[20]起源于金朝的研究也证实了女真文化的演艺传统。然而，这些可携带式的多人座椅到底是作何用途，目前还没有直接的证据。

此靠背长椅的结构与单人交椅非常相近，只是延长 3 倍，将单人单位三具相连，再以椅背横向长掌（搭脑，底掌）串连拼合一体。朱漆表面有美丽的断纹。靠背板看似攒边打槽装板，但其实是独板雕刻而成。

44. 折叠交椅

年代：19 世纪

产地：山西

材质：北榆（榆木）

尺寸：长 57.5 厘米 / 宽 51 厘米 / 高 101.5 厘米；座高 49 厘米

此椅造型俊俏，座面舒适，在中国交椅中，这是一种最能巧妙折叠、收纳携带的结构。若把座面后方的掌子往上提起，靠背板和扶手就会从轴钉处往上向后翻叠，缩成又薄又巧的体积。

此椅仍保有原制半透明红褐薄漆。白紫相间的软织屉具图案设计，应是原配，与酒红色调的表漆搭配极为协调。虽然"刀切式"的做工应是出自乡间工坊之手，但是整体机构设计机巧，不可不归功于幕后的无名匠师那打破窠臼另创新猷的天分。

44

45. 木面内翻马蹄榻

年代：16–17 世纪

产地：山西

材质：槐木

尺寸：长 187 厘米 / 宽 76 厘米 / 高 41 厘米

黑白插图：榻，晚明《幽闺记》的木刻插画。

此张小榻的风格古典，尺寸虽小，但因为木料密度很大，因此重量极沉。腿子和牙条相接角落略锼向外的壶门尖，曲线含蓄细腻（请看插图）为此榻款式的特色，再加上以槐木为料，都是明代常见的做法。

榻面平镶四片木料拼成的硬屉，下有四条穿带支撑，底侧仍保存原髹的厚料黑漆及内层的糊布，但榻表的漆痕几已剥落殆尽。腿肩顶端出长榫，与座面边框拍合，斜肩处以抱肩榫在束腰下方和牙条构合。牙条两端刻出委角，大弧度转进腿足，下以内翻低扁的马蹄做终。

46. 仿竹床榻

年代：17 世纪

产地：山西

材质：北榆（榆木）

尺寸：长 217 厘米 / 宽 91 厘米 / 高 53 厘米

黑白插图：榻，晚明《琵琶记》的木刻插画。

仿竹床榻充满乡村情调。晚明的文震亨为这种当时兴起的新造型下了一个脚注："近有以柏木琢细如竹者，甚精，宜闺阁及小斋中"[21]。在仿竹硬木家具中，很少能达到这种质朴的风格。

标准的榻面边框劈料双层，并凿出天然竹节般的纹饰。边框内打眼织屉，底侧有两根弯带连接大边作支撑，还有四个角落各有对角短穿带作支撑。罗锅枨以短材相接成形，上插两根矮老连结边框。腿子也劈料，好似四根一簇的竹子。

45

46

47. 罗汉床

年代：16-17 世纪

产地：山西

材质：北榆（榆木）和柏木

尺寸：长 95 厘米 / 宽 205 厘米 / 高 79 厘米；座高 47 厘米

罗汉榻的围子略拱，下有轻盈的鼓腿，属早期传统风格，与明中期画家谢环《杏园雅集图》[22]的描绘有异曲同工之妙。独板围子饰以柏木镶嵌的草龙纹，中央有一窠造型化的寿字。两侧围子以走马销和正面围子拍合。

榻面四边打眼织软屉。边框四角各开一个直径 3 厘米的圆孔，待围子拆下后，可以安装角柱改成架子床。虽然这种设计并不多见，但是经过仔细检查后，这种改装应是原来的设计。再者，昔人在炎炎夏日中常把床榻搬到户外，披上纱帐，既能透风又能防蚊虫侵扰。

牙条以裁榫和榻面底侧契合，沿边起皮条线，自然地伸展转进修长的腿足，马蹄足向内低低兜转，立于圆墩小托子上。

黑白插图：明代，谢环手卷《杏园雅集图》（约 1437 年）局部图。

48. 围栏式罗汉床

年代：17-18 世纪

产地：山西

材质：北榆（榆木）和松木

尺寸：长 120.4 厘米 / 宽 22.9 厘米 / 高 81 厘米；座高 51 厘米

上有透空围子，下有插肩榫缩进式腿足的罗汉床，可以和辽金墓中出土的实物（参见王世襄的序，页 1）相比较。山西襄汾亦曾出土一件明代早期类似的大尺寸罗汉床（请见插图）。插肩榫结构的罗汉床釉彩明器也是山西地区各地明代墓葬中最常被发掘的文物，无数大件的类似床榻也在山西地区陆续被发现[23]；其中一件榆木床榻有嘉庆九年（1804 年）的年款[24]。我们可以断定这种造型是山西的传统形制。

棂格围子以短圆材攒接组成"井"字纹，六根立柱上端镟成莲蓬头。松木榻面。此床以正面为主，因此两侧和后方的牙条及后方直腿均光素无饰。反之，看面牙条做束腰，下缘起边线蜿蜒而下腿足。前后腿之间安单枨，腿肩顶端出榫与大边拍合。表面仍有原制薄漆的痕

黑白插图：山西襄汾出土的罗汉床。明洪武年间（1368—1398 年）。

47

48

49. 黑大漆罗汉床

年代：17-18世纪

产地：山西

材质：北榆（榆木）和黑漆

尺寸：长 208.5 厘米 / 宽 109 厘米 / 高 90 厘米；座高 46.5 厘米

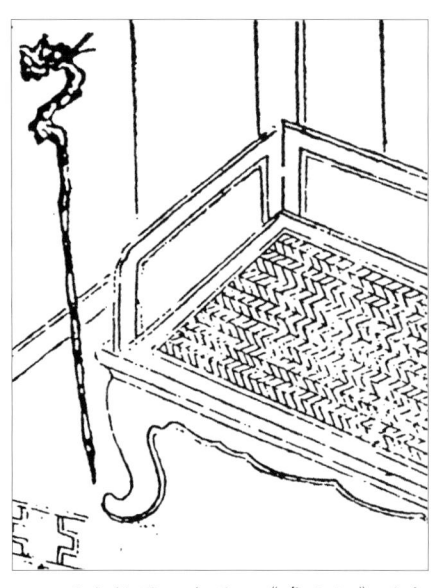

黑白插图：晚明，《鲁班经》的木刻罗汉床。

50. 大香蕉腿三围板雕龙罗汉床

年代：17-18世纪

产地：山西

材质：北榆（榆木）

尺寸：长 242 厘米 / 宽 118 厘米 / 高 84 厘米；座高 51 厘米

罗汉床的造型古典，轮廓雅致，线脚圆润，大抵保留原制黑漆。

正面围子的两端起委角，在两肩委角处仿佛被轻轻向上提，中段稍有下坠，整体线条自然，仿佛布帐两端被拉起悬挂一般；高度略低一筹的两侧围子也相仿。各面围子攒边打槽装板，为了利于嵌入边框槽口而将板心四周边缘削薄成斜面，因此中间部位相对膨鼓（译者：亦称落堂踩鼓），给人一种"枕头"的感觉。（译注：西式枕头为软心、中间膨鼓四边渐薄的断面，故作者借此比拟。）

床面边框外缘修成委角，内装软屉。下无束腰，直接与膨牙相接，三弯腿平整光素。

本书收录的五件罗汉床中，以此床的长度为最。表面还保有红褐色薄漆。传统形制的床，整体轮廓浑圆流畅，重心低，充满跃动感。

三面独板围子由两翼向中央步步升高，类似的造型也可见于山东洪武年间之墓[25]以及上海崇化年间之墓[26]出土的罗汉床明器。围子内面浮雕绵延不断的福寿两字，卷转的螭龙纹穿插其间，属于典型的清代风格。

有束腰、桌形腿的床座造型在优雅中透着动感。牙条起边线，曲线流转，有壶门尖、浮雕卷叶小钩、拱门顶等生动的变化。鼓腿以利落的内翻马蹄作终。厚实的榻面边框内侧打眼织软屉，底侧有两根弯带支撑大边，四根较短小的弯带则斜置四角加固。

49

50

51. 大香蕉腿三围团花罗汉床

年代：18-19 世纪

产地：山西

材质：榉木

尺寸：长 228 厘米/宽 119.5 厘米/高 96.5 厘米；座高 56.5 厘米

此床以上等木料精制而成，造型传统，表面原有半透明薄漆。

厚实的独板围子端庄稳重，两翼围子步步攀高，在正面围子的中央达到顶峰。围子内面浮雕大型圆开光，内刻莲纹夹缠卷草纹，是清代中晚期的典型风格。围子背面则光素无饰。

榻面保有原配的藤织软屉，边框底侧涂刷的原制漆灰层也一并覆盖屉眼和藤屉收尾外露的部分，此技法有助于延长软屉的寿命。束腰起二柱香线脚，膨腿立于扁圆的托子上。

52. 罗汉床

年代：18-19 世纪

产地：山西

材质：核桃木

尺寸：长 228.5 厘米/宽 127 厘米/高 88 厘米；座高 56 厘米

此床气势雄浑，遍刻吉祥图饰，雍容华贵。

三面独板围子从两翼步步高升，在正面中央达到顶峰。围子内面浮雕圆形与方形的寿字、卷云、蝙蝠和螭龙，背面光素无饰。围子有几种罕见的榫卯结构：1）在围子与围子相交的角落，用燕尾穿簧穿带构合；2）为防止正面围子过长翘曲，围子背面开槽口，用两根等同围子高度的燕尾长销分别穿过槽口直下榻面边框出榫卯合；3）将每面围子嵌入，坐实在榻面边框外缘上开凿的槽口内，槽口直径等同围板厚度。

基座为有束腰的桌形腿结构。牙条和束腰一木连做，束腰上浮雕 T 字型回纹，牙条反复浮雕鼎形寿字，并间以吉祥蝙蝠和卷云装饰。浑厚的腿柱也有浮雕装饰，并以内翻卷足作终。

51

52

53. 架子床

年代：16 世纪

产地：山西

材质：榆木和漆

尺寸：长237厘米/宽133.5厘米/高234.5厘米；座高52厘米

此张罕见的架子床属于早期传统风格，厚料黑漆大多存留，难逃岁月断纹遍生。上有顶架，攒边装板二拼接成，架框由若干纵、横平行的直枨交错组成并下扣四角立柱；而立柱顶端有余枨抛出，仿佛悬臂梁楣协助支撑顶架盖。挂檐内嵌绦环板，凿海棠式透孔，边框两端的垂直短构件雕出尖头莲苞垂饰，下安牙条。其中的两块绦环板，在刚发现这件家具时，还挂着幛钩。

前方两根角柱立足于莲形托座上。角柱之间安装围子，围子攒边装板、拱顶造型，板边倒棱、出凸面外倾抛出收回。托住围子下端的边框构件造出仿墙基的造型，并饰有典型浮雕与一般建筑石墙基所常见的浮雕装饰。北京故宫博物院和Sackler收藏也有类似的明代髹漆床[27]。

床面边框和高束腰是一木连做。高束腰刻有狭长的海棠式开光，内填朱漆。硬屉为原配，它是将一片片板材直接放在穿带枨上就成了。修长而轻盈的鼓腿裁自一大块木料，余料连做大腿后方的内腿以辅助支撑结构纤细的腿柱。腿足内卷抱珠，立于圆球小托子上。

53

54. 双面三弯腿供案

年代：明或之前，13-15 世纪
产地：山西
材质：北榆（榆木）和杂软木
尺寸：长 198.5 厘米 / 宽 57 厘米 /
　　　高 89 厘米

此桌为早期传统形制，有两个位于山西境内的前例，一是大同的辽代华严寺薄伽教殿（约公元 1038 年）（图三，页 19），一是五台山的金代佛光寺文殊殿。华严寺薄伽教置于殿内两大圆柱间、高台前的一长排供桌中的一张；抹边两端设有抽屉。佛光寺文殊殿的则独立置于祭坛之前，以正面为主要观赏面。图录 54 供桌的正、背两面都有精美雕饰供观赏，皆为看面，推测放置的位置应该与祭坛有一段距离。

供桌髹暗色薄漆，配以朱漆做细部装饰。桌面四边以铁钉安装宽宥的拦水线。标准的格角榫边框，抹边另以系带拴至邻近的穿带加固，这是山西桌案的独有特色（图四十六，页 51）。

供桌其中一看面的高束腰（图录 54 下）内藏抽屉各一，居于中央部位和抹边两端；透过透雕绦环板看内部，抹边抽屉半掩半露，显露抽屉立板所髹的色漆以及其反衬烘托前方绦环板的透雕纹饰效果。就技法而言，在抹边抽屉的侧面立板尾端造一个长榫，长及中央抽屉的侧面立板的榫眼，卯合后就能卡住封锁中央抽屉，因此只有在打开拉出两端抽屉时，中央抽屉才能开启。原有的半月形熟铁拉手保存完好，以金代正隆（1156—1160 年）和大定（1161—1189 年）的铜钱来做拉手盾牌（图四十，页 47）。12—13 世纪抽屉柜（图录 102）上镶有一枚北宋政和年间（1111—1117 年）的铜钱。17—18 世纪的山西抽屉柜上常有顺治、康熙、雍正和乾隆的铜钱做抽屉拉手盾牌。这种传统的由来以及以其为断代的依据还有待进一步考证。

中央抽屉的两翼安置双层绦环板，透雕精美细腻的几何纹和花卉纹饰，相互间以剑脊棱边框分隔。华严寺薄伽教殿内著名的藏经柜也有类似的几何透雕纹饰[28]。

两侧的三弯腿和中央腿子有醒目奔放的深浮雕花纹。中央腿子以双横掌在一半的地方相互连接。双掌之间安置海棠式透孔挡板。台座式底座上端以圈口花牙圈出三个空档，下方高束腰的绦环板凿出海棠式透孔，孔边起阳线。托泥表漆严重，进一步透露年代的久远。

黑白插图：山西五台山金代佛光寺文殊殿的供桌。

54

55. 架几供案

年代：13–15 世纪

材质：槐木和其他杂木

尺寸：长 284 厘米 / 宽 39 厘米 / 高 86.5 厘米

罕见的架几供案装饰风格独特，应可溯及辽、金的契丹和女真文化。虽然目前尚无证据显示清初之前即有架几供案，但是此例显示这种形制应在之前的数百年即已出现。

此案糊以疏织纱布，髹涂厚料黑漆。独板案面以铁钉连接翘头。壸门形牙条在里皮挖槽，以燕尾长销穿槽出榫卯入大边底面拍合，腿柱顶出长榫贯穿几墩顶盘与桌盘板接合，几墩的管脚掌为十字形，以铁钉连接。

两几各有三个看面，正面和左、右侧面，每面透光雕饰肚兜小儿骑在狮、虎、梅花鹿和孔雀等祥鸟或瑞兽之上（其中一侧面遗缺），并携带灵芝、莲花和绣球等吉祥物品。孔雀并非中土的传统

装饰主题，但在印度则被视为祥鸟，可能和早期传布的佛教传说有关。整体构图一望即知是早期风格。

圆形透光的圈口漆有厚实的漆灰层并浮雕花纹装饰。李汝宽指出传统上会使用类似于装饰糕饼的原料挤袋来上漆[29]。某些部位的灰泥装饰脱落后，露出原底打稿的墨痕。这种髹漆技法在明朝的《髹饰录》上也有记载[30]。

几墩的四足充满逸趣，状如倒悬的鸟头立于贴地小球托子上，与其中一片面板上的孔雀头互相辉映，据传是佛教中的圣像；金翅鸟，用在此处象征该鸟轻松自在地肩负供桌的重担[31]。鸟眼以及上方面板的兽眼都以铁鼓钉表示。

56. 翘头案供桌

年代：17–18 世纪

产地：山西

材质：槐木

尺寸：长 124 厘米 / 宽 57.5 厘米 / 高 81 厘米

这是一张造型雄浑的传统供案，宽阔的案面可能一直被当做书案或供案使用，一如晚明的木刻插画所显示。

独板面心达 6 厘米厚，牙条和腿柱的比例占整体不小。牙头面除了浮雕稍稍隆起的小龙头并冒出如意芽作龙角，其余素地收尾。腿柱起满的凹凸相间的利落线脚。腿间有厚实的透雕挡板，刻画螭龙在卷浪中相对峙，技法圆熟利落，相当独特。

翘头、几处牙头和两侧牙条为新制的替代品。

黑白插图：供桌，晚明《红莲债》的木刻插画。

57. 翘头案供桌

年代：17 世纪

产地：山西

材质：北榆（榆木）

尺寸：长 313 厘米 / 宽 54 厘米 / 高 84 厘米

修长的翘头案，比例正统，常靠置于厅堂或寺庙的内墙，用以承放香炉、烛台和供瓶。牙子、腿柱和侧面档板都余留半透明薄漆的痕迹。

独板案面厚达 8 厘米，牙子亦相对等比搭配，也有 3.5 厘米厚。牙头锼出大朵如意云头，除少许雕刻外，几乎光素平整无饰。粗硕的腿柱仅仅四角打洼指甲圆线脚。侧面档板则精雕灵芝和翠竹遍生的多山岛屿景象，装饰讲究，与前述光素的表面处理形成巧妙的对比。

托子、一处翘头和抹边牙条均为新制替代品。

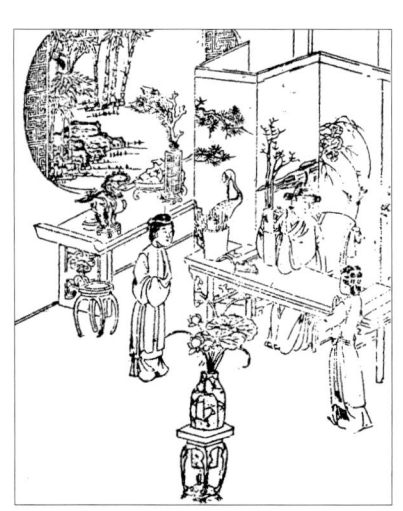

黑白插图：清顺治年间（1644–1661 年），《慎鸾交传奇》的木刻版画。

56

57

58. 供桌

年代：17世纪

产地：山西

材质：楠木和北榆（榆木）

尺寸：长105厘米/宽59.5厘米/高84厘米

黑白插图：供桌，明朝《娇红记》的木刻插画。

供桌的结构和形制与前例（图录54）类似，但却与山西一地较晚期的范例贴近。可携带的小供桌可视场合加以安排，或置于户外供人焚香献祭（请见插图）。

此桌的主结构用楠木料，面心则镶榆木。原制髹漆已剥落殆尽，但却与最近在 Peabody Essex 博物馆展出的同款范例的漆表很类似[32]。

由于雕刻装饰只有一面，显然只以看面示人。精致的三弯腿透雕卷草纹，另外利用膨腿内边材连作竹节状立掌加以辅助支撑。腿足立于锤头小足上，小足又立于高束腰台座式底座上，和前例有异曲同工之妙。

59. 斑竹木面翘头案

年代：18世纪

产地：山西

材质：斑竹和榆木

尺寸：长147.5厘米/宽47厘米/高88.5厘米

此案结构阳刚结实，一改一般竹家具纤弱的印象，主要受力构件以难得存活的大管径竹枝来制造。此案采取攒框装板的标准形制，与一般以薄板作桌盖板的竹桌不同。

以细藤捆绑竹材主构件形成箱形结构的腿柱。次要构件用较细短的竹材，也以细藤缠绕拼接成棂格板，镶在腿墩和牙条框架上，既作为装饰，也有强固作用。翘头案背面的设计较为简单。从随着年代变黯的漆痕看来，原制斑竹应涂有透明薄漆。箱形竹腿在其垂直构件上削出长榫与贴地的木制托子卯合。

60. 圆腿带托泥翘头案

年代：18世纪

产地：山西

材质：北榆（榆木）

尺寸：长111厘米/宽37.5厘米/高81厘米

此案以圆腿、挡板和托子的结构，异于常例，但仍保有传统形制的精神。斑驳的表面保留了红褐色的漆痕。

独板案面的两端安一木连做的翘头暨抹头盖套板，遮盖抹头板边的断面木纹。牙头锼出倒置的如意，沿边起线。腿间打槽装挡板，以独板材锼出耸立的狭长如意，下截亮脚，此外则光地无雕饰。托子连接前后腿。

58

59

60

61. 三屉描金翘头案

年代：清乾隆年间（1786年）
产地：山西
材质：榆木
尺寸：长164厘米 / 宽45厘米 / 高90厘米

此案为传统的北方风格，表面平涂黑漆并添加朱、金漆强调雕刻局部，许多家具原本的漆表很可能也采取类似的手法，如图录36的坐椅。厚实的独板案面与腿柱榫接。翘头为新制代替品，但原作以走马销和案面拍合。

看面的抽屉脸和对应的背面脸各自浮雕吉祥果盘，有桃和佛手等，并有色漆装饰。朱漆描金的角牙锼雕出活泼生动的龙纹。侧面挡板刻五彩瓶安插如意节杖、搔背和苍蝇拍等器物，象征"平安如意"的寓意。其中一面挡板上方安小条绦环板，上面书铭年款、捐赠者姓名，以及为了保佑当地村民而设立此案的事由记载，由此，此案应该是出于一座小村庙。

61

62. 三块板翘头案

年代：16-17世纪

产地：山西

材质：榉木

尺寸：长236厘米/宽40.5厘米/高78厘米

晚明文人文震亨曾在一篇鉴赏文章中描述"以文木如花梨、铁梨、香楠等木为之"的"天然几"，并进一步告诫读者：

"飞角处不可太尖，须平圆，乃古式。照倭几下有拖尾者，更奇，不可用四足如书桌式；或以古树根承者。不则，用木如台面阔厚者，空其中，略雕云头，如意之类；不可雕龙凤花草诸俗式。近时所制。"㉝

虽然此案并非取材于花梨、铁梨或香楠，但是以厚重的独板腿替代四腿的做法却很罕见，与文氏的说法相符。桌板下方只用两根横竖的长掌（掌子在桌面下半掩半现）架在板腿上，以半隐燕尾榫卯合，达到支撑桌面的效果。整体结构相当简洁。板腿顶端凿出两根短榫与独板桌面构合。板腿虽无透雕，却有仿透光的效果——透过铲底锼雕壶门圈口开光并在圈口底部浮雕立地如意云头。

黑白插图：明崇祯十二年（1639年）《瑞世良英》的木刻插图。

62

63. 卷书式条几

年代：16–17 世纪
产地：山西
材质：漆木
尺寸：长 193 厘米 / 宽 45 厘米 / 高 89 厘米

板腿卷书式条几难得一见，造型简洁。宽平的器表上还保留着以色漆填嵌而成的"花鸟"纹。此桌用三块独板料的基本构件和做为贴地卷足的两小块 1/4 圆的弧形弯材，以全幅的燕尾明榫相互拼合而成。

黑褐色底漆的器表显露出细致美丽的断纹，内层和板边却泛出褐色偏黄的光彩。面板如一幅展开的卷轴画，描绘木兰和石榴的缠枝花卉，两只小鸟栖息在伸出的梅枝上回头相望。一边的板腿刻有下垂的梅枝，另一边则是石榴枝。面板看面的板边还有飞舞的蝴蝶点缀。这些吉祥图纹既有装饰效果，也有多子多孙、绵延长寿的祝愿。

尽管卷足因长年与地面磨损而稍有缩短，但在现存的漆饰卷足条几中，此桌的保存情况仍属第一。

64. 架几式条桌（一对）

年代：19—20 世纪初
产地：山西
材质：榆木
尺寸：长 199 厘米 / 宽 30 厘米 / 高 90.5 厘米

此桌利落的线形结构似乎预告了 1930 年代西方装饰艺术 (art deco) 运动，但更有可能是受到当时风行上海的装饰艺术（译者：又名海派时髦家具）风潮的影响。独板桌面以攒接棂格形成的牙条和腿柱来承托。整体保存情形良好，只有贴地的方形实心托板稍有修复。

65. 平头式大画案

年代：16世纪

产地：山西

材质：槐木

尺寸：长64厘米/宽254厘米/
　　　高84厘米

　　平头案气势浑厚，造型古典明快。面板厚达8厘米，原作糊布髹黑漆，如今露出结合腿子的透榫眼（图四十四，页51）。板边略起线脚，并嵌拍抹头。直牙条大弯转进腿肩，彼此以格肩榫接合。腿柱下方以三面朝外的马蹄足作终。托子和其中一些牙条为新制替代品。

66. 带管脚掌和托泥的画桌

年代：16世纪

产地：山西

材质：高丽木

尺寸：长186.5厘米/宽63厘米/高87.5厘米

黑白插图：带托泥桌子，晚明《梧桐叶》的木刻插画。

67. 带霸王掌画桌

年代：16-17世纪

产地：安徽

材质：柏木

尺寸：长211厘米/宽83.5厘米/高80.5厘米

黑白插图：画桌，晚明《古今小说》的木刻插画。

柞木（高丽木）家具并不多见，但是密度大而结实的高丽木向来是制作家具的高贵良材。有束腰、桌形结构的桌子，线条简洁，比例匀称，桌腿立体有形，令人赏心悦目。其中的早期传统特色包括：1）底部四边管脚掌贯穿马蹄足而连成一气，下置方托泥；2）四腿柱略往外膨，外角缘踩委角；3）牙条及腿肩相接角落锼挖幽微的小弧尖——由实面看是向外的壸门尖，由虚相的透空空间观之则变委角尖。表面多处仍残存原制黑漆迹痕。

桌面由两块实心板拼板而成。两侧并以抹头拍合。此外，底侧有数根直裹穿带，一面削出长燕尾榫，契入拼板底侧的槽口，贯穿出销作支撑，也防止拼板弯翘。拼板底侧披厚料漆灰、髹黑漆，包封所有的接合处使湿气不渗入。腿子看似一木做成，实则由三根裁料——外露的两枝各与内缘的主枝贴粘、合拼。其中的一管脚掌为新制替代品，他处也略有修补。

虽然此桌在安徽省发现，但是这种古典造型在中国各地均有，也曾在山西发现。此桌属晚明风格，可与潘允征之墓（1589年）的明器相比[34]。后者虽然没有霸王掌，却有类似的高束腰结构，以腿柱顶端向上延伸一小截明柱作为束腰四角构件，并与横向的束腰构件齐平结合。

桌面为标准攒边打槽装板——三块板拼成的面心厚达5.5厘米，板边起倒置的"S"形线角。S形的霸王掌从腿柱顶端内缘伸出，为面板提供支撑。牙条和腿子略起阳线，不见棱角，下以富有活力的扁马蹄足作终。

66

67

68. 黑大漆带罗锅枨平头案

年代：17世纪
产地：山西
材质：榆木和黑漆
尺寸：长205厘米 / 宽71厘米 /
　　　高85.5厘米

高拱的罗锅枨顶贴牙条是山西常见的结构（参见图录35），也是该地一腿三牙方桌普遍采用的造型。但其实在晚明的书籍插图里也有类似的造型，显示以江南地区为出版龙头的木刻画家也很熟悉这种款式。

此桌大体保留着涂在疏织底布上的厚料黑漆，如今丛生深陷的断纹。桌面为标准边框，面心两板拼合，下有五根穿带承托。罗锅枨沿四边盘绕，顶贴大边牙条的部分以铁钉钉合，以鹅脖形透空档与两侧的刀子牙板部位隔空相对，最终与抹边牙条顶贴钉合。

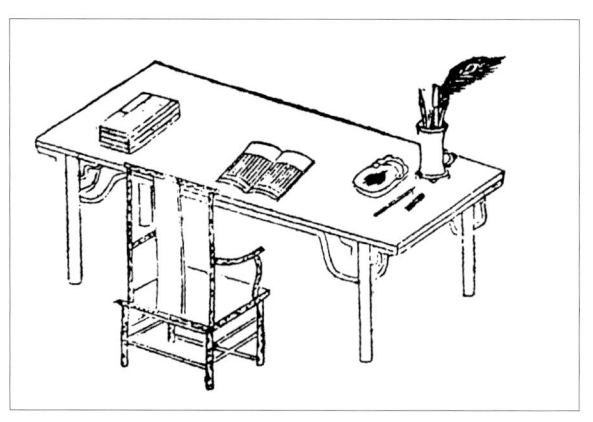

黑白插图：画桌，晚明《画中人》的木刻版画。

69. 圆腿翘头案

年代：17世纪
产地：山西
材质：槐木
尺寸：长196.5厘米 / 宽56厘
　　　米 / 高84厘米

翘头案为传统的缩进式腿足形制，风格古典，比例匀称调和。用途繁多，可做为供案、条案或画案使用。

桌面由两片实心板拼成，两端外接翘头式抹头，盖住抹边纵端的断面木纹。牙条为两件式在中央拼接，牙头锼成倒悬的如意云头。腿柱和腿间直枨的断面略呈扁圆形。

历尽沧桑的表面已难见原始表漆。桌面在修复前有严重翘曲，经过长期的热烘和压力才回复平直。一段牙条为后来新制，牙头也略有修补。

68

69

70. 仿青铜纹供桌

年代：18-19 世纪
产地：山西
材质：榆木
尺寸：长 170 厘米 / 宽 90.5 厘米 / 高 86.8 厘米

此桌保留原始黑漆痕迹，造型古朴，模仿古青铜器和玉器的形制及纹饰，这种仿古家具一般多见于北方。由于乾隆皇帝偏爱古玉和古青铜，使博古风潮在 18 世纪末期达到高峰，家具也深受影响。此桌拆卸方便，否则不易搬动。

桌面攒边装板，面心板异常厚实，下接浮雕拐子纹的直牙条，凭空坐落在四条腿上，之间并无榫卯。雄浑墩实的腿柱裁自实心板，面皮上则阴刻方形云纹，板边线条凹凸有致，显现立体式的鸟兽纹及波浪纹，与青铜器上常见的凸出物纹饰相似。足端各出两根大榫，嵌入大型脚踏定位。

70

71. 壸门式直枨条桌

年代：13-15 世纪
产地：山西
材质：槐木及杂软木
尺寸：长 97 厘米 / 宽 41 厘米 /
　　　高 83.5 厘米

此桌在大边安单直枨，抹边安双直枨，属于宋代的传统形制[35]。随着榫卯技法在明代末年兴起，大边安直枨的做法几已消失。虽然清代某些乡土家具仍然延续这种古风[36]，但是由此桌雅致精细的造型看来，制作年代应该更早。

桌面采制式的攒边装双拼板，底侧以三根穿带支撑。较罕见的是桌面边框四角踩委角，以及板边削出陡峭的冰盘沿。牙条采另一种质理致密的软木裁制，并以铁钉钉至边框底侧，且与腿肩直交拍合。壸门形牙条延伸到腿肩，带出曲翘小钩的嫩叶雕饰，从中绽放委角线直下作终，线条完美流畅。

修长的四腿和直枨都打洼面起委角，略微撇腿。柔弱飘逸的小尖足状如倒悬的如意，常见于宋元明时期的绘画和木刻，存世实物却难得一见。由于槐木密度大，又耐潮湿和虫蛀，因此保存情况非常良好。

黑白插图：晚明条桌，《目莲》的木刻插画。

71

72. 花形桌（一对）

年代：14-16世纪

产地：山西

材质：北榆（榆木）和黑漆

尺寸：长97厘米 / 宽68厘米 / 高85厘米

此对罕见的桌子属于早期传统风格，显然以造型取胜，技法次之。桌子由上而下挖缺花形，四角踩委角直下腿足，板边曲伏及凸出的小尖头轮廓延续直下下方的大片牙板，并与边沿的断面相互呼应。原作糊底布髹黑漆保存甚好。

桌面边框揣揣榫相交，再与腿柱顶端的长榫拍合（参见图四十七b，页52）。花形边框内含四拼板的桌面心，底侧由三条穿带支撑。抹头另以系带拴于平行相邻的穿带上加固，以防日久脱落（参见图四十六，页51）。牙条和腿子齐头碰。削成蹄状的足端已有损坏。

73. 大理石面酒桌

年代：16世纪

产地：山西

材质：榆木和大理石

尺寸：长99厘米 / 宽78厘米 / 高81厘米

元画中有一张腿子加长的矮炕桌[32]，可说是此桌的前例。大边安直枨的早期做法失之累赘，在晚明时几已消踪匿迹。表面仍有糊布、髹朱黑漆的痕迹，属于明代髹饰惯用技法。

桌面边框格角相交，边际起拦水线，板边起大洼面，下接冰盘沿，形成复杂的线脚。面心为相当罕见的粉色大理石板，其下有辅助托板和三条穿带承托支撑。

桌面下本无束腰，牙条向上直线挖缺，旋即在两侧缓弧垂降，再折弯转入矮小的三弯腿。三弯腿内缘挖槽口，纳入直腿增长高度。方材直腿则四面打洼四角踩指甲圆线脚。腿间的直枨为外圆内扁平的轮廓。

黑白插图：条桌，晚明《金童玉女娇红记》的木刻插画。

72

73

74. 半桌

年代：16 世纪

产地：山西

材质：柏木

尺寸：长 95 厘米 / 宽 50.5 厘米 / 高 81.5 厘米

黑白插图：条桌，晚明《三国志》的木刻版画。

此桌揉合了不同形制，桌面是案形结构带吊头，下面却是桌形结构，运用独特。虽然未曾见闻传统的硬木家具有这种造型，晚明的木刻版画作品里却曾出现过。采用混合设计的好处在于腿柱结合桌面的榫卯定点的考虑较不受限，亦即安腿点的位置选择较多。对典型的格角边框桌而言，腿子出榫穿透桌面的位置一般都落在桌角部位，与挖槽纳格角榫所在的位置相同；要在这有限的内部空间凿出额外槽口容纳两造，必定会削弱榫卯间的力度。对软木桌案而言，采取这种混合形制，反倒能避免这层困扰和限制。至于密度大的硬木桌案则没有这种顾虑。

桌子表面糊布髹黑漆。如同上例，牙条上端并无束腰，而和腿子直交。粗犷的壸门轮廓沿边起阳线，格外醒目。除了沿边阳线自牙条顺腿柱直下外，腿柱外角缘也起阳线（参见图录 86），互相辉映。下截则呈花叶式挖缺状，原本以倒悬的如意足作终，如今只残留少许痕迹。

75. 四面平条桌

年代：16-17 世纪

产地：山西

材质：槐木及梧桐

尺寸：长 110 厘米 / 宽 48.5 厘米 / 高 86 厘米

黑白插图：琴桌，明宣德年间（1426-1435 年）《娇红记》的木刻插画。

四面平桌子是明代的典型风格。此桌器表还保有一层薄料深色漆，桌面的涂漆料更厚。

此桌主要以槐木制成，面心为梧桐板。梧桐的共鸣效果极佳，常用来制作乐器的共鸣板，因此这张桌子可能曾作为琴桌使用。

条桌，晚明《三元记》的木刻插画。

腿柱顶端出榫贯穿桌面拍合。壸门形牙条以铁钉和桌面底侧相接。腿间双掌较一般粗大，与腿柱等宽接合。四足以倒置的如意作终，这种装饰在绘画中很常见，但是黄花梨的实物并不多见。

74

75

76. 条桌

年代：16–17 世纪

产地：山西

材质：北榆（榆木）和杂木

尺寸：长 107.5 厘米 / 宽 40.5 厘米 / 高 86 厘米

桌形结构带双横掌的桌子在晚明的插画中很常见。此例保有红褐色的半透明薄漆。桌面和束腰以独板料一体连做，线角断面独特少见。牙条是两段料在中间接合，与腿肩交接角落挖缺委角尖。腿柱顶端出榫穿透桌面；四足以倒置的如意作终，高度已略有磨损。此桌属于早期的传统风格，可与大同的元代壁画相比（图九，页 22）。

黑白插图：条桌，明崇祯年间（1628–1644 年）《酹江集》的木刻插画。

77. 黑漆大理石面条桌

年代：15–16 世纪

产地：山西

材质：北榆（榆木）、黑漆与大理石

尺寸：长 100 厘米 / 宽 47 厘米 / 高 82.5 厘米

图录 71 至 79 的桌子系列展现了桌形结构的演进，逐渐舍弃支撑的横掌，转而发展极简约以及开阔舒透的形制，如本例所示。此桌用料比例浑厚，是明代中期至晚期的典型风格。

此桌原作薄批麻灰层，在构件接角处以布料缠绕，通体髹黑漆。厚实的桌面边框内安石板面心，坐落于一块辅助托板上，下有三条穿带提供支撑。腿肩顶端向上延伸一小截明柱作为束腰的四角构件，再出长榫与桌面边框拍合，下以利落的扁马蹄足作终。

角砾石面板自然天成竹叶或柳叶的纹理。一本明代早期的读物曾指出许多适合切割作桌面的石材，其中包括"竹叶土玛瑙"，亦即一种有竹叶纹的土黄色玛瑙[38]。

此桌的保存完好，石板面的裂缝已经修补。

黑白插图：条桌，明万历年间（1573–1619 年）《月露音》的木刻插画。

76

77

78. 带管脚枨的条桌

年代：18世纪

产地：山西

材质：楠木

尺寸：长95.5厘米 / 宽45.5厘米 / 高85厘米

就风格的演变来看，这张桌子显然接续本系列的前例，属于清代早期至中期的风格。取材以珍贵的楠木精制而成，表面还保有深色的漆痕，并以金漆勾绘边线。此桌能够保存完好，固然是一种机缘，也要归功于考究的工艺和极精的选料。

面心以两块板条拼成，腿子顶端出长短榫穿透边框的四角。高束腰锼鱼门洞，鱼门洞之间做燕尾长穿销，穿过束腰里皮出榫卯合大边。牙条中央锼出倒悬的如意头，浮雕为乾隆时期风行的古意卷云纹，两旁以弧形转进腿肩。管脚枨做成罗锅状，与马蹄足的衔接了无痕迹，也是清代中期发展出的特色。

79. 有束腰条桌

年代：清道光年间（1821年）

产地：山西

材质：核桃木

尺寸：长160.5厘米 / 宽35.5厘米 / 高90.5厘米

本系列的最后一张桌子成于19世纪（1821年），风格近似图录77，却少了一份微妙的圆润性，而且比例不甚匀称，显得棱角分明，过于僵硬。究其实，桌面板边线脚的设计稍嫌薄弱；束腰和牙条一木连做，牙条的两肩太过凌厉，几乎不见弧度，与直腿相交处生硬而不够流畅。但是撇开风格上的弱点，整体的结构和榫卯技巧还是可圈可点。

内侧有墨款，说明此桌是"怡如堂郑记一样两张每张价叁两五钱"，但是对桌中的另一张已不知去向。

78

79

80. 酒桌

年代：15-16 世纪

产地：山西

材质：槐木

尺寸：长 91.5 厘米 / 宽 54.5 厘米 / 高 69.5 厘米

黑白插图：条桌，晚明《香山还带记》的木刻插画。

81. 折叠式酒桌

年代：16 世纪

产地：山西

材质：北榆（榆木）

尺寸：长 99.5 厘米 / 宽 57 厘米 / 高 83 厘米

插肩榫酒桌，腿柱和牙条格角拍合后形成齐平的表面。此桌的尺寸偏小，细节处理细致，再加上选材，都透露早期的传统风格。

桌面边框以标准的格角拼合，板边起冰盘沿线脚，桌面上有榫眼，露出腿柱顶端出榫穿透的榫头。边框内安双拼板面心，下有三条穿带支撑，以透榫与大边边框拍合，形成纵向的加固作用。抹边另以系带拴至相邻的穿带上，起到横向集中加固的作用力。

壶门形牙条和腿柱的看面都刻出精致的边线。腿柱背面和双掌都踩委角线装饰。腿子看面中央另起两柱香线脚，在足端结成发辫垂挂，如意形腿足立于莲形托座上。

足端如今已用足套巧妙回复原有高度，但未损及渐朽四足的原貌。两抹边的牙条也是新制替代品。

此张罕见的酒桌可以折叠。优雅的壶门形牙条在两端形成悬挂的如意云头，四腿修长，腿足轮廓繁复，在在显露了早期的传统风格。牙条和腿子都起明显的边线。通体残留半透明薄漆的痕迹。

腿架子共有三组掌子。上有单掌，出长榫贯穿腿柱上截，形成腿柱可开合转动的枢轴支点。其下有两根八角形双掌，开洼面起棱瓣线脚，线条利落抖擞。桌底侧有活动式的双掌支承架自中心伸出，与前者的下斜交拍和。下掌本身在两端起球状凸榫，卯入两边腿柱的壁槽孔，因此下掌可灵活滚动，连带带动支承架的张或合，张可做为腿柱的支撑，合也可以收入桌面底侧。

此桌是在山西西南部一栋两层楼的楼上发现的。由于保存情况良好，推断应该不乏照顾，也甚少使用。

80

81

82. 插肩榫酒桌

年代：16世纪或更早
产地：山西
材质：柏木
尺寸：长101厘米 / 宽69.5厘米 / 高81.5厘米

此桌造型传统，线条雅致，比例古典匀称。四腿侧脚显著，在插肩榫的结构中，若不是技艺娴熟的匠师操刀，几不能为之。中国匠师把这种风格称为"四腿八相"。此桌原本髹厚料漆，底侧还保有厚实的麻灰层，其上有细致朱漆髹涂的痕迹。

桌面边框以格角榫拼接，内安四拼板面心，外起宽扁式的拦水线，板边刨凸面并以略为收敛的底端边线作终。底侧以三根穿带支撑，由桌面露出的榫眼来看，为长矩形的透榫结构。桌面加大了大边的宽度，较一般超出前、后牙条甚多，原因是抹边的牙条在尾端加出一截斗拱造型的支撑面。这种风格较常见于可收起的折叠桌（含有可拆卸的腿足以及可反折的大边牙条），不过也曾见于固定的结构形制的桌子（参见图录85）。本例的抹边牙条以铁钉接至边框底侧。

壸门形牙条和四腿均起细致的边线。腿子中央另刻两柱香线脚，下以葫芦做结，双掌踩委角线修饰。如意形腿足立于莲花托子上，由于柏木极能抗湿，因此莲叶足托的保存情形良好。

83. 插肩榫翘头案

年代：17-18世纪
产地：山西
材质：槐木
尺寸：长99.5厘米 / 宽39厘米 / 高81厘米

此桌修长雅致的造型属传统风格，可与类似的黄花梨实物相比拟[39]。器表还有红褐的漆痕，底侧则有厚料黑漆。

独板桌面安翘头。壸门形牙条锼出云头纹牙头，与插肩榫腿柱平接拍合。牙条沿边起细致珠圆的线脚，延伸直下腿足，对衬光地铲斜下敛的牙条断面，饶富意趣。腿柱中截凸缘浮雕卷转起钩的花叶纹，其下马蹄足浮雕如意纹，从中浮雕一柱香线脚扶摇直上。马蹄足立于莲形托子上。

82

83

84. 黑漆石板面酒桌

年代：16-17 世纪

产地：山西

材质：楠木和石板

尺寸：长 105.5 厘米 / 宽 70.5 厘米 / 高 87.5 厘米

这张早期传统的案形酒桌和明太子朱标墓的陪葬桌子颇为类似[40]，只是后者的做工更为讲究，反映出明代初期的宫廷风格。两张桌面都嵌了纹理相似的石板心，明初的鉴赏家称之为"竹叶土玛瑙"[41]。但是现代地质学家则将这种石头归为角砾岩，而非玛瑙。

此桌糊布刷黑漆。脆弱的石板上有无数裂痕，但由于其下有辅助托板及三根穿带支撑，尚能保存至今。

高拱罗锅枨一木大挖，和牙条顶贴既无暗榫也不用铁钉。罗锅枨剔饰花叶纹、方材腿柱及腿间双枨皆打洼面并踩指甲圆线脚，和朱墓的桌子颇为类似。

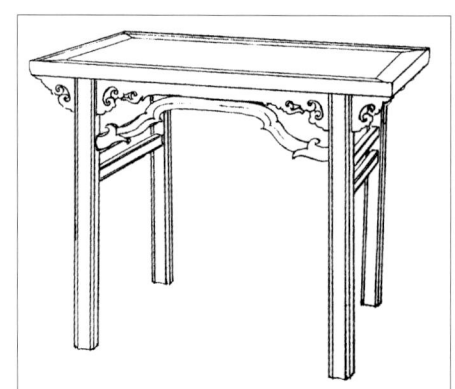

黑白插图：明太子朱标之墓（1392 年）的朱漆石板桌线图。

85. 平头案

年代：17-18 世纪

产地：山西

材质：柏木、大理石

尺寸：长 84 厘米 / 宽 43 厘米 / 高 86 厘米

小平头案风格传统；以耐用的柏木为材，表面还保留着半透明薄漆。桌面镶有一片灰色斑块纹并夹杂紫色叶脉细纹的石板。由于抹边牙条探出尾端一小截，使桌面较一般为深。刀牙板牙条一木大挖。

此桌的保存相当完好，桌底层所设的辅助托板保住易碎的石板面心，居功不小。

84

85

86. 朱红漆剑腿供桌

年代：14–15 世纪
产地：山西
材质：松木、朱漆
尺寸：长 81 厘米 / 宽 71 厘米 / 高 84 厘米

高束腰的供桌造型刚健豪放，属于元和明初的特色风格[42]。表面已经修复，大抵保有原始的朱漆。

桌面四边起拦水线，底侧另加垛边，使边框厚度增加。高束腰正面安一抽屉，屉脸做绦环板造型；其余三侧的面板则锼挖长形透光并沿边起线，孔洞露出内部抽屉立墙板的漆色，仿佛后面衬了色板。这种早期技法也用在前面提过的供桌上（图录 54）。

高拱的花叶状罗锅掌顶贴牙条。腿子顶端一截外露，巧妙充当高束腰四角落的短柱，腿肩刻出带牙的吞头兽面。腿柱下截凸缘如图录 74 和 75 的桌子，锼挖勾卷的花叶装饰，外角缘也起灯草线。修复后的四足已加高四五厘米。

87. 高束腰开光三弯腿供桌

年代：17 世纪或更早
产地：山西
材质：北榆（榆木）和杂木
尺寸：长 108 厘米 / 宽 108 厘米 / 高 86 厘米

传统的高束腰方桌，洋溢着乡土气息。由于形制相当正式，应是摆在长条供桌前当祭桌。表面大抵还保有原制黑漆和装饰的朱漆。

桌面边框起拦水线，以揣揣格角榫做四角接合，再由腿柱顶端出榫从与桌面拍合固定。桌面边框平镶四拼板心，下有三根穿带支撑。抹头分别以短系带拴至邻近的穿带，集中横向加固的作用力。

高束腰上的矮老隔出四片绦环板，托腮以铁钉连接壸门形牙条，牙子两侧的如意纹饰披挂在腿肩上，亦以铁钉钉合。三弯腿一木大挖，利用腿内边材一木连做立体透雕的花角牙——为强化腿肩弯曲部位的一种独到技法。饱经岁月洗礼的台座有双面的装饰牙条，整体感觉非常周到完整。

86

87

88. 罗锅枨方桌

年代：17-18 世纪

产地：山西

材质：北榆（榆木）

尺寸：长 86 厘米 / 宽 86 厘米 / 高 86 厘米

标准形制的方桌造型简约，通体以圆材制成，光素无饰，比例匀称，线条赏心悦目。桌面攒边格角，由腿子顶端出双榫贯穿桌面拍合（图四十四，页 51）。四腿缩进形制，略带侧脚。高拱罗锅枨一木大挖，以三根矮老与桌面相接。

89. 四面平方桌

年代：17-18 世纪

产地：山西

材质：北榆（榆木）

尺寸：长 72.5 厘米 / 宽 72.5 厘米 / 高 81 厘米

小方桌造型素净，四面平形制源自宋代，至清代时在山西仍有制造。

桌面攒边打槽装板，下以两根穿带支撑。平镶的直牙条接近腿肩时转成弧形，腿足以利落的扁马蹄作终。通体薄髹褐黑色漆。

黑白插图：方桌，南宋嘉定年间（1208-1224 年）《天竺灵签》的木刻插画

88

89

90. 黑大漆卡子花圆腿方桌

年代：17-18 世纪
产地：山西
材质：北榆（榆木）和黑漆
尺寸：长 85 厘米 / 宽 85 厘米 / 高 86 厘米

黑漆桌以圆腿和裹脚掌模仿竹家具，可视为明末清初的过渡风格。厚料黑漆遍生开裂的断纹，露出底层的糊布。罗锅掌以双套环卡子花和边框底侧相连。

91. 方桌

年代：清乾隆年间（1769 年）
产地：山西
材质：柞木和樟木瘿子
尺寸：长 91 厘米 / 宽 91 厘米 / 高 87.5 厘米

此桌属于明清之际的风格，牙条以横竖短材攒斗，腿柱以马蹄足作终。桌面边框的板面异常宽阔，达 17.5 厘米，内镶瘿子纹的樟木板心。底侧有墨款注明此桌是乾隆己丑季孟冬月思穑堂印组氏置。

90

91

92. 六腿独板圆桌

年代：18 世纪

产地：山西

材质：樟木与梓木

尺寸：直径 120 厘米 / 高 91 厘米

清代中期以前的圆桌并不多见，不过明代木匠宝典《鲁班经》曾经记载两张半月桌斗成一张圆桌❸。此张传统明式大圆桌取材自大块樟木，裁出厚达 4 厘米的独板面板，边际起宽皮带拦水线。束腰下续接线条利落的壶门型牙条。腿子内侧伸出霸王掌，嵌入独板桌面底侧的槽口，再以木钉钉合。腿柱以内翻扁马蹄足作终，而马蹄足本身是单独部件，以复杂的楔钉榫，移花接木至腿柱。

整件桌子用料阔绰，足端却采接木的方式，不免透露几许蹊跷。经过几位修复师傅的详细检查和讨论，一致认为这种腿足应是原制，但动机不明。此桌尺寸硕大，高度超出一般，因此一个可能性是完工后才想稍加调整高度，使整体比例更为协调。

圆桌经常摆设于花园亭台。由此桌的高度和厚实的桌面看来，极可能是置于大型寺庙或厅堂内，用来摆设沉重的雕像或祭祀用品。

93. 朱红漆弯腿圆几

年代：17–18 世纪

产地：山西

材质：北榆（榆木）

尺寸：直径 90 厘米 / 高 84 厘米

此张乡土风格的圆桌有难得一见的"膝关节"三弯腿。桌面起拦水线，底侧以曲度平缓的霸王掌和腿子相接。腿子两侧的角牙透雕方形螭纹，正面看似长鼻的兽面。三弯腿的结构相当罕见，可能是由两节三弯腿交叠而成，上截较短以卷足衔接下截。膝部交合处刻小巧的如意垂饰，腿足以浮雕卷叶环绕小珠作终，坐落于锤头托子上。

某些脱落的牙条和角牙已经修复，剥落的朱漆也已经重新髹涂。

92

93

94. 半月桌

年代：17-18 世纪

产地：山西

材质：北榆（榆木）

尺寸：长 130 厘米 / 宽 65 厘米 / 高 82.5 厘米

形制传统的半月桌造型优美，修长的三弯腿以卷叶作终，立于小球之上。桌面糊布刷漆，其他表面的褐黑色薄漆则遍生小蛇腹断纹。桌背面的直牙条凿有榫眼，显示原本有另一张半月桌可合拼为圆桌。

黑白插图：半月桌，晚明《明月环》的木刻插画。

95. 半月桌

年代：18 世纪

产地：山西

材质：核桃木

尺寸：长 104 厘米 / 宽 52 厘米 / 高 87 厘米

核桃木的半月桌为传统的高束腰形式，做工讲究。桌面保有厚料糅漆，其余部位则有较薄的半透明漆。

桌面沿着半月形轮廓的一边起拦水线，直边则省。竹节形矮老将高束腰隔出几块狭长的绦环板，浮雕小型螭龙。下方牙条刻出蝙蝠和卷草纹。线条优美的三弯腿在足端刻出叶状如意，紧抱小球，立于原来的托泥上。

黑白插图：半月桌，晚明《西湖二记》的木刻插画。

96. 半月桌

年代：19-20 世纪初期

产地：山西

材质：楸木

尺寸：长 155 厘米 / 宽 65 厘米 / 高 81.5 厘米

半月桌做工精致一流，属于晚清的传统风格。传统的半月桌都是半圆形，然而此桌却略呈半椭圆形，做为条桌使用。束腰透雕一排小孔，槽孔间隔地镂小花以作装饰，下面刻出一圈麻花绳线脚。牙条和腿子刻凿方形回纹，管脚掌之间攒斗一片冰裂纹棂板，可以盛放饰物。

94

95

96

97. 黑漆三弯腿高束腰开光香几

年代：13-15 世纪

产地：山西

材质：北榆（榆木）和杂木

尺寸：长 58 厘米 / 宽 51 厘米 / 高 83.5 厘米

　　此张罕见的香几纤细优雅，呈现早期的传统风格，可与一张宋代年款尚有争议（1069 年）的朱漆小几[44]（1069 年）相比。优美的三弯腿和金墓（1187 年）中的面盆、火盆明器相去不远，特别是考虑到后者为高度仅 14.8 厘米的明器，精细度受缩小尺寸的局限。若与现藏法国吉美博物馆的嘉靖年间（1522-1566 年）的雕漆香几相比[45]，此几有类似的形制，然而风格当属更早。轮廓抢眼的牙条也呼应山西金代砖刻（图一，页 19）[46]上的描绘。香几的褐黑漆大体完好，尚有描金装饰。不过，这已是在覆盖翻新原始朱漆之身了。

　　委角形桌面攒边打槽装板，拦水线的做工在四委角走弯的部位依然平整顺服；板边打洼面、踩委角、造冰盘沿线脚，形成精致又繁复多变的装饰轮廓。高束腰，以绦环板做装饰，凿海棠式透光和孔边起阳线；被两侧的角柱（腿柱上截外露垂直的一段）和其下轮廓分明的剑脊棱托腮嵌夹。牙条下垂如披肩，以倒悬的透雕云头如意覆在腿肩上。造型优雅的三弯腿在底部外翻翘，腿足以铁片饰件包镶加强。

黑白插图：

1）山西金人阎德源之墓出土的香几明器（1189 年），高 14.8 厘米。

2）明或明以前，朱漆小几的石板心刻有据传为米芾的题识，高 41 厘米。

97

98. 楠木香几

年代：17-18世纪
产地：山西
材质：楠木
尺寸：长62厘米 / 宽62厘米 / 高87厘米

香几的造型大体和前例（图录97）相仿，不过形式拘泥而且有高古的装饰，应为清代早期的作品。这是一个做工精致，用料考究，而且是采取早期传统形制的好例。

几面打槽装板。高束腰嵌有一具抽屉，抽屉脸和周围的绦环板浮雕上有龙头相向的方形螭纹。四角安有凸缘立柱，状似青铜器的装饰。牙条如锦袱下垂，以如意垂片裹住腿肩，表面铲地浮雕生动的卷草纹和云纹。三弯腿线条利落，腿背有突肿如球茎的雕饰。腿足锼成长叶片环抱一小球，方形托泥内角安角牙，贴地四足刻凿方形卷纹。

黑白插图：香几，晚明《坛清玩》的木刻插画。

98

99. 树墩高几

年代：18世纪

产地：山西

材质：树根和桃木

尺寸：长56厘米 / 宽47厘米 / 高91厘米

天然造型的香几是受了道家思想的启发。几座取材于一节盘根错节的树根，其上安一块材质细密的桃木独板裁出随形的椭圆面，板边起伏如波浪状。两几的面板各镶一种吉祥水果的嵌片，一面是柿子，另一面是桃子，充分体现出道家的精神意境，也有掩饰木料天然瑕疵的功用。

黑白插图：树根香几，清代木刻版画。

100. 高束腰马蹄脚顶球香几

年代：17–18 世纪

产地：山西

材质：北榆（榆木）

尺寸：长 53 厘米 / 宽 38.5 厘米 / 高 89.5 厘米

桌形结构的高束腰香几风格传统，乡土气息洋溢，表面尚有黑色薄漆。

几面边框以格角揣揣榫连同腿足上端出榫销牢扣紧。高束腰和牙条并非一木连做，从牙条两肩狭窄的余地一望即知。前后片牙条较长，下沿锼出饱满的壶门式线条；两侧牙条较短，只有简单的弧形轮廓。腿子修长，以扁浅的内翻马蹄作终，立于鼓墩式托子上。下方的方托泥为原制。

黑白插图：香几，清康熙年间（1662–1722 年）《圣谕像解》的木刻版画。

此对矮几用料厚实，低矮的三弯腿神似早期的青铜祭器，极可能是用来盛放沉重的祭品或饰物。

独板的几面与牙条以燕尾穿销（贯穿牙条内皮槽口，直上卯入几面底侧）接合，11 厘米见方的整木方材锼挖出壮硕的三弯腿，腿顶出双榫穿透几面拍合。两几都保有红棕色的髹漆。

101. 圆几（一对）

年代：18 世纪

产地：山西

材质：北榆（榆木）

尺寸：直径 60.5 厘米 / 高 49 厘米

黑白插图：香几，晚明《绣刻演剧》的木刻插画。

100

101

102. 六屉供桌

年代：12–13 世纪
产地：山西
材质：槐木和杨木
尺寸：长 116 厘米 / 宽 65 厘米 /
　　　高 90.5 厘米

此抽屉桌属于传统的民间风格，推断是 12、13 世纪的成品。每个抽屉高浮雕茂密的花草做背景，衬托前方身着宋代服饰的人物。间隔用的次要框材构件皆饰以轮廓分明的剑脊棱线脚。腿柱上低矮的三弯腿立于花形托子上。

顶层抽屉中央有一个方形的莲纹浮雕，中间有一枚银锭，银锭中央安一枚铜钱做为吊牌座，勾挂着原配铁制的吊牌拉手。铜钱上刻着宋徽宗政和年间（1111-1117 年）字样。中间层的两屉，一具刻男童，一具刻人鱼各自肩上扛着大荷叶。下层的中央抽屉刻有一只象征生生不息的玉兔，显露出传统家族祈求代代相传、增福添寿的心愿。

103. 双屉闷户橱

年代：16–17 世纪
产地：山西
材质：槐木和柏木
尺寸：长 103 厘米 / 宽 68.5 厘
　　　米 / 高 86 厘米

闷户橱充满民间风格，形制似桌案，腿间设抽屉及闷仓，和山西的明代迷你陶瓷明器有异曲同工之妙[47]。槐木为主边框构件用料，柏木为面板材。表面仍保有厚料黑漆的残迹。

抽屉看面刻有传说的天马[48]驰骋云端[49]，下层的中央面板描绘水牛回头凝视天际，两侧抽屉镂出繁枝单卉。这些独特的装饰主题都反映了北方游牧民族的风格，他们不论逐水草而居，或驰骋战场，都和马匹形成紧密的关系。此外，天马的装饰虽然极少见于家具，但是宋代的建筑论著《营造法式》却将它形容为传统的装饰。

抽屉仍保留原配的锁插拍子；关合时，尾端的孔眼可与中央分隔柱上的屈曲套合上锁。不过屈曲已经不知所踪，拍子也有损坏。

黑白插图：天马，宋代《营造法式》的木刻插画。

102

103

104. 单屉闷户橱

年代：清康熙年间（1685 年）
产地：山西
材质：槐木、杨木、石头
尺寸：长 104.5 厘米 / 宽 60.5 厘米 / 高 85.5 厘米

闷户橱洋溢乡土气息，主要框边取材自槐木，并以杨木做雕刻面板，松木做辅助面板。面心是一块黄色和酒红色交错的羊肝石板。边框底侧以短系带将抹边拴至邻近的穿带榫合。

闷户橱的正面为看面，腿侧有波浪形长角牙，下牙条有繁复多变的花形轮廓，显然受到中亚回教建筑的影响。抽屉中央雕有一花，簇拥两侧的几何形尖叶纹颇为罕见。三个绦环板后面暗藏一个闷仓。绦环板上刻海棠开光，起边线。

背面薄板内皮上有一长串题识："康熙贰拾肆年肆月三十日吉时常云口置买。山水玉棹壹张价银壹拾两。同男常金梁，同孙常玉生，常玉童，常玉珠，同重孙常增寿，常复生。木漆匠张桂廷。"

由于闷户橱常做为嫁妆，因此可能是某次文定之喜使这几代男丁齐聚一堂。

黑白插图：明代绿釉闷户橱模型。

105. 二屉闷户橱

年代：18-19 世纪
产地：山西
材质：北榆（榆木）
尺寸：长 140 厘米 / 宽 59 厘米 / 高 87.5 厘米

此张光素的二屉桌虽然被归为传统的明式风格，但是并无相关证据可为佐证[50]。此张清代中、晚期的家具保有原始的红褐色薄漆。两个抽屉的金属饰件完好无缺，下方另有闷仓。角牙和牙条铲地浮雕有精致的螭龙和卷纹，装饰风格与图录 122 书柜的牙条颇为类似。

104

105

106. 汉砖琴台

年代：16–17 世纪

产地：山西

材质：北榆（榆木）和汉砖

尺寸：琴架长 115 厘米 / 宽 43 厘米 / 高 58 厘米；砖长 112.5 厘米 / 宽 42.5 厘米 / 高 13.5 厘米

明初的鉴赏家曹昭在《格古要论》指出，最上乘的琴桌是以郭公砖做面。王佐的评注描述这种砖为空心、灰色、五尺长、一尺宽，具有象眼花纹，出自河南郑州，而且"砖架琴抚之有清声泠泠可爱"[51]。高濂[52]、屠隆[53]和文震亨等人也为文做过类似评论，显示这种空心砖琴桌在晚明仍然风行。文震亨进一步指出："琴台以河南郑州所造古郭公砖，上有方胜及象眼花者，以作琴台，取其中空发响，然此实宜置盆景及古石；当更置一小几，长过琴一尺，高二尺八寸，阔容三琴者，为雅。坐用胡床，两手更便运动，须比他坐稍高，则手不费力。"[54]

这种罕见的琴桌是中国家具和历史文献互相呼应的少数范例之一。琴架是传统的案形结构，空心墓砖两面布满整齐的菱形象眼纹，以对角线排列展开。案面边框格角相接，中间未置辅助托板，但以三根直掌支撑。边框加高又宽又厚的立墙，以放置大砖。牙条沿边素地起阳线，表面尚有黑漆的痕迹。

插图：空心砖琴桌，清初《列国志》的木刻插画。

106

107. 带折叠脚的食盒 / 桌

年代：16 世纪

产地：山西

材质：木胎黑漆

尺寸：盒长 75 厘米 / 宽 45 厘米 / 高 16.5 厘米；桌高 64.5 厘米

高濂在《遵生八笺》中曾指出，可以折叠收入提盒内的矮桌，便于游山玩水时携带[55]。此件希罕的实物不仅是一张带折叠腿的可携式小桌，也是一个有上盖、内含食格盘的盒子。此物保存情况良好，原制糊织布髹黑、朱漆，漆表大抵保留完好。

收起桌腿并盖好盒盖后，由外观看来与标准的礼盒无异。食盒四边立墙削出弧形凸面，四角踩委角，下安贴地底座。盖子揭开后，露出同样踩委角的朱漆大食盘，盘内区划为十五食格，隔间各起委角。

底座仓打槽装插门板，门板子从沟槽卸下后，可看见收纳在内的折叠腿足。腿足上安装辅助臂掌，以轴承结合，折叠可收纳，展开则两两相抵相锁不动。

107

108. 炕桌

年代：17-18 世纪

产地：山西

材质：北榆（榆木）

尺寸：长 94 厘米 / 宽 62 厘米 / 高 31 厘米

  炕桌是传统的古典风格，做工与上等硬木家具不相上下。表面残有朱漆痕迹，底侧仍有原糊布刷朱漆的痕迹。

  桌面攒边打槽装板，镶三拼面心，下以两根穿带支撑。束腰和牙条一体连做，传统式牙条，沿边起线直下腿足。三弯腿终于小巧可爱的如意足。

109. 牛皮面炕桌

年代：17 世纪

产地：山西

材质：北榆（榆木），皮革和黄铜

尺寸：长 96.5 厘米 / 宽 63.5 厘米 / 高 28.5 厘米

  此桌传统中带乡土风味，牛皮面心是否有特殊用途则不得而知。边框绷着平滑的牛皮，下以三根穿带承托。沿边以鼓钉紧密贴固，四角有如意镶饰。

  红褐色的漆表大抵保存，却也断纹丛生。牙条、腿子的轮廓干脆利落，三弯腿以扁马蹄外翻作终，灵敏快活。由于足底有凸榫被削去的明显遗痕，原本应有榫接托泥，或立于托子之上。

108

109

110. 炕桌

年代：18 世纪
产地：山西
材质：槐木和角砾石（布丁石）
尺寸：长 104 厘米 / 宽 66 厘米 /
　　　高 39.5 厘米

彩石面心的炕桌并不常见，此例的尺寸颇大，厚实的边框镶一块角砾石面板（见图三十九，页 47）。

束腰挖海棠式透孔，直牙条以大弯转进腿肩并以开裂的卷云大足作终。腿子外角缘起委角线，增添几许雅致。

111. 带翘头炕桌

年代：17-18 世纪
产地：山西
材质：柿木
尺寸：长 123 厘米 / 宽 38.5 厘
　　　米 / 高 29.5 厘米

中国北方的冬天严寒又漫长，家家户户习惯在炕上取暖，低矮的家具也应运而生。砖造的炕建在内墙边，内有炉膛或灶，使热气和火烟先透过内腔空间，再从烟道散出。砖台上覆盖席子和毯子方便坐卧，也借此缓冲热气，边墙上则摆设低矮的橱柜和案。一家人白天聚在中央的炕桌四周，夜晚则睡在温热的炕上。

狭窄的炕桌为早期传统风格夹杂些许乡土特色，反而显得清新动人。柿木家具相当罕见，黄褐色的木料纹理平直，质地密实均匀。桌面安翘头，板边有利落的线脚。牙条中央刻莲纹，流畅的壶门式线条加了斜刀阴刻的边线更显灵动，低矮的三弯腿两侧翻转如花叶。

黑白插图：带翘头炕桌，晚明木刻插画。

110

111

112. C形板腿卷足炕几

年代：17世纪

产地：山西

材质：楠木

尺寸：长133厘米 / 宽39.5厘米 / 高36厘米

矮桌的使用可以溯自上古中国席地而坐的传统。尽管高形制的桌椅到宋代已经相当普遍，但是席地坐在矮桌旁的习惯并没有完全断绝。古画及书上插图都有描绘这种矮桌，既可做为桌子使用，也可用来陈设摆饰和抚琴。

矮桌采C形板腿卷足形式，造型传统。表面光素无饰，桌面和板腿部位都用楠木实心板，以银锭榫相互拍合，并踩委角巧饰接缝处。C形板腿则是由两块弧形弯材凿出等长度的楔钉榫在半高的地方相互交搭合为一体。腿端以卷足作终，是新制替代品。

113. 回纹足矮桌

年代：19世纪

产地：山西

材质：北榆（榆木）

尺寸：长141.5厘米 / 宽28.5厘米 / 高30.5厘米

回纹足矮桌和前例恰成对比。这种桌子通常摆在炕上或靠边放。通体用长短不一的实心厚板，以格角闷榫（又名"全隐式燕尾榫"）拼接并斗出回纹卷足，沿边起阳线，表面仍保有黑褐色薄漆。

黑白插图：方卷足矮桌，清嘉庆二十年（1815年）木刻插画局部。

112

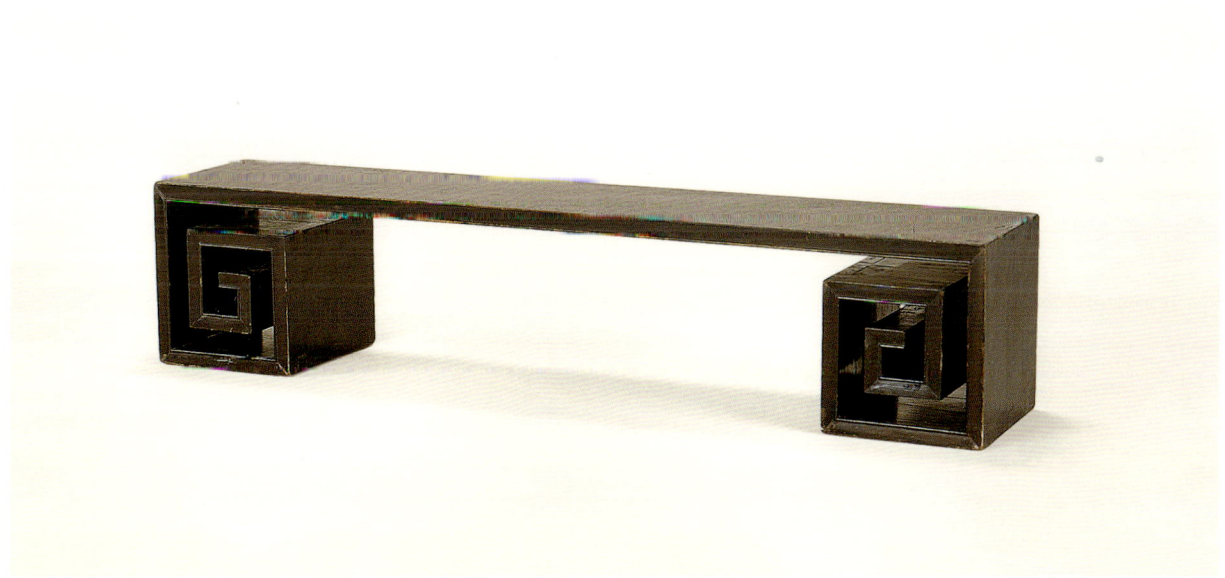

113

114. 黑漆彩绘圆角柜（一对）

年代：16–17 世纪
产地：山西
材质：北榆（榆木）和黑漆
尺寸：长 84.5 厘米 / 宽 54 厘米 / 高 97 厘米

圆角柜属于早期风格，柜门分段装板，柜膛有三具抽屉，可与晚明有年款的雕漆小柜相比[56]。原有的髹漆以及背侧上和柜帮上精美的景物和花卉描绘均保留完好。柜顶板和门板的彩绘则已消失殆尽。

柜门五抹分四段装板，中有闩杆，黄铜拉手和如意形面叶均为原配。门轴的结构特殊，以一根黄铜长杆与门扇边框相连，两端伸出头当门轴，套进嵌在柜框上的黄铜臼窝。

柜膛板安两根横枨，在看面隔出三个抽屉，两侧和背面则装长面板。抽屉脸上刻花起线，长拉手下扣底掌上的锁鼻便可锁住。抽屉内仍保有原制的朱漆里。

柜内亦髹朱漆，架格薄板下安两条穿带以增稳固。

柜内一处的黑漆脱落，露出底层裱糊的棕丝，这是相当罕见的技法（请看图十九，页 31）。柜帮和背面的景物彩绘，如人物，远方屋宇和太湖石旁丛生梅竹的庭园景观[57]属于晚明风格。四腿柱也有彩绘缠枝莲纹。

黑白插图：柜子，明正统元年（1436 年）识图认字的童书《新编对相》的木刻插画。

114

115. 黑漆描金圆角柜（一对）

年代：17-18 世纪
产地：山西
材质：北榆（榆木）
尺寸：长 111 厘米 / 宽 56.6 厘米 / 高 175 厘米

圆角柜造型传统，柜足侧脚，腿足外圆里方，柜门下有柜膛，无闩杆，大致保留原来的黑漆和康熙风格的彩绘。门扇上截的描金圆框内各有一条龙遨游于云端；下截方框内则绘有各式古玩。柜膛板上绘有两龙相对。

柜内腰间安两屉的抽屉架，柜膛板后面暗藏加盖暗仓。

损坏的木轴已经修补，并补齐几处散佚的牙头，也换上新的金属构件品。

116. 圆角柜

年代：18 世纪
产地：山西
材质：核桃木
尺寸：长 93 厘米 / 宽 48.5 厘米 /
高 181 厘米

侧脚圆角柜造型传统，柜帽有线脚，腿柱为圆材，以及柜膛分截装板。柜门由单片通长的核桃木装板，显露核桃木特有的温暖色泽和纹理；柜帮则由两板拼接。柜门下设柜膛，柜膛的立墙隔成三块，后有暗仓。柜内腰间安两屉的抽屉架。

牙条和金属饰件曾有修复或补配。

黑白插图：圆角柜，晚明《警世通言》的木刻插画。

117. 黑漆描金大柜

年代：17 世纪
产地：山西
材质：槐木
尺寸：长 152 厘米 / 宽 58 厘米 / 高 222 厘米

大柜属早期传统的造型，这可从晋陕地区大量出土的陶瓷明器看出明显的关联。这类多格面板结构的实物大柜，在顶端都设有一排抽屉，许多不断出土的这类形制结构的陶瓷明器就是最好的佐证。这类高高在上的抽屉，就使用的功能而言，有点像托盘盒，必须取出拿下后，才能存取。多格面板施以景物彩绘，内容涵盖古代传奇、祥瑞花果和古玩珍宝等。

黑白插图：柜橱，山西出土的明代绿釉明器。

118. 朱漆描金山水纹大柜

年代：17-18 世纪

产地：山西

材质：北榆（榆木）

尺寸：长 128 厘米 / 宽 61 厘米 / 高 184.5 厘米

此朱漆描金柜是山西的典型风格，采缩进腿足的案型结构，柜帽飞出，然而柜足全无侧脚。门板以轴头平镶（图四十八，页52），无闩杆。造型或风格都与一件黄釉明器很类似，属于明代的传统款式。白铜面叶和吊牌拉手均为原配，保存良好。柜帮装板落堂，腰间有外露的横掌穿带支撑。柜内设有上、下两搁板。

两扇围屏式的柜门，平头并置有如一组"对幅画"，各有题诗一句以及描绘远方峭壁、林间湖心以及岸边几处人家的绵延山水景观。在朱漆底上施以黑、白、金赭色的描金彩绘，形成温暖而华丽的装饰效果。

黑白插图：柜橱，明代山西的黄釉明器。

119. 红漆描金柜（一对）

年代：18 世纪
产地：山西
材质：北榆（榆木）
尺寸：长 145 厘米 / 宽 68.5 厘米 / 高 188.5 厘米

此对山西风格的描金柜在装饰和结构技法上都与前例很像。边框构件打洼面，柜身面加宽，两端增添侧翼"余塞板"与中间的轴头门相接，无闩杆，吊牌和面叶都是原配（图四十一，页 48）。下端的牙条透雕龙纹，拱出中间的花叶形如意。柜内有两层搁板，柜膛后有带盖的暗仓。

描金柜的保存情况良好，清楚显示精美的山西装饰风格。四扇门板描绘园林山水和古代传奇人物，各有题词，并记载所仿效的画家姓名（图二十一，页 34）[58]。柜膛绘有各式古玩，边框细勾传统的饰边纹。

120. 黑大漆亮格圆角柜（一对）

年代：16-17 世纪
产地：山西
材质：北榆（榆木）和黑漆
尺寸：长 100 厘米 / 宽 59.5 厘米 / 高 192.5 厘米

有亮格的圆角柜并不常见，形制当属早期，但是侧脚只向外微张 3 毫米。表面髹涂厚料黑漆，遍生细密的断纹。

亮格上的券口牙子如波纹起伏，略似图录 55 的架几供案。明代的《鲁班经》把这种轮廓称为勒水花牙[59]。边线锼镂初生的嫩叶，在上方中央兜锼抽象的兽面。侧面柜帮通长装板到顶。轴头门中间无闩杆，看面下方牙条在两端兜转成半个如意。柜内设有两屉的抽屉架。一柜的金属饰件完全散失，另一柜除了短少一个柜门拉手外，其余都保存。

121. 黑漆多宝柜

年代：18 世纪

产地：山西

材质：北榆（榆木）、黑漆和朱漆

尺寸：长 138.5 厘米 / 宽 65 厘米 / 高 193 厘米

　　此柜属左右对称的设计，整体尺寸甚大，一不注意就忽略了轻灵疏透的边框。从风格上看应属于康熙时期，早于 18 世纪中叶风行一时的不对称造型。

　　此种亮格最适合摆设珍贵的瓷器或古玩。上格有透雕的圈口牙子：在顶端中间圈出扇面开光，两侧则圈成月洞门开光。扇形下方的矩形亮格环置朵云纹矮老，矮老同时衔叼另一个矩形素圈口于中心。

　　平镶的柜门未采取金属合页，而是由门扇的边框出榫头作门轴开合。装卸门板时为了免除拆解柜橱的麻烦，采取了一种特殊技法，亦即在下臼窝前方凿一个宽同轴头、长约 10 至 15 厘米的斜槽，以利门轴导入下臼窝。安装门板时，把门扇呈 90 度开启的角度后，将上轴头先置进边框的上臼口，然后抬高门板底端，使下轴头不触地下边框而直接落入斜槽口，经斜槽倒退滑入下臼窝内。这种技法除了需要精准的工艺，使表面平坦完整，也能因免用金属合页而使外形设计的完整性不受破坏。

　　两侧柜帮下，腿足间各安一横掌，以强固稍嫌单薄的主要边框构件。表面已经重髹表漆，黄铜构件均为新制替代品。

122. 双层亮格书柜（一对）

年代：18-19 世纪
产地：山西
材质：北榆（榆木）
尺寸：长 106 厘米 / 宽 47.5 厘米 / 高 199.5 厘米

髹薄料黑漆的书柜用途繁多，上半部有两层栏杆式的亮格，中层安一对抽屉，下面则是一个储物柜。

方材边框构件踩委角。围栏以榫卯攒接长短材拼合，做工干净利落，然而与边框的结合却以铁钉钉合，显示榫卯结构的规划不完整。轴头门采取"平镶"技法（参见图录 118，121，124）。牙条精雕方形回纹，与边沿的阳线连成一气，装饰风格可与图录原 105 的抽屉柜相比。

此柜保存良好，原配金属构件均完整无缺。

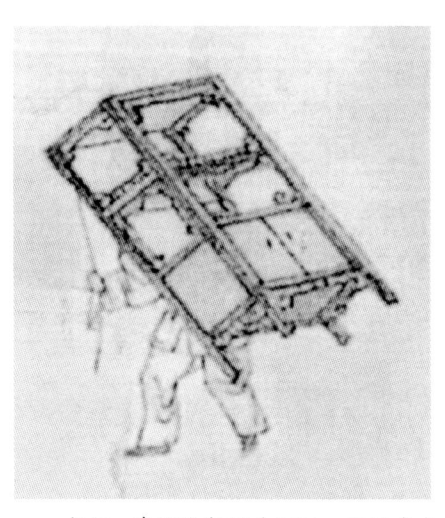

书柜，清乾隆年间（1736—1795 年）
手卷《清明上河图》局部图。

123. 核桃木嵌黄杨万历柜（一对）

年代：18世纪
产地：山西
材质：核桃木和黄杨木
尺寸：长99.5厘米 / 宽44厘米 / 高189厘米

此对楠木方角柜做工精致，属于典型18世纪细腻精致的装饰风格。正面亮格，柜帮通长装板到底不做透空开口，内有两层搁板。

亮格的券口牙子雕镂螭纹和方形回纹。柜门四抹三段装板，每截镶嵌黄杨木浮雕的装饰。上截的圆开光内刻花鸟纹，中截左右腰板各刻一长尾螭龙回头相望，下截则在委角双边式的方开光内雕出博古青铜器和花瓶，以及时花插置。门下的牙条浮雕拐子纹与边线。

124. 多宝收藏柜

年代：18-19 世纪

产地：山西

材质：北榆（榆木）

尺寸：长 117 厘米 / 宽 50 厘米 / 高 166.5 厘米

方角柜的相貌朴素无华，然而内部别有洞天，露出承放古玩珍宝的精美架格。

平镶的柜门如前所述，以轴头开合或卸出取下，中间无闩杆。六个亮格各有独特的圈口饰边。上层中央立墙板隔出两个空间，各镶透雕卷云的圈口牙子。中层空间与柜子同宽，四周透雕方形回纹。下层三个隔间分别圈出不同形状的圈口牙子，有瓶形开光，有透雕方形回纹装饰的方开光，和传统的海棠式开光等。

黑白插图：方角柜，明代山西的无釉明器。

124

125. 楠木顶箱柜（一对）

年代：17-18 世纪
产地：山西
材质：楠木
尺寸：长 151.5 厘米 / 宽 58.5 厘米 / 高 242 厘米

风格传统的大四件衣柜通体以楠木制成。单片装板的门扇极宽（达 51 厘米），展现生动的波浪纹理。柜帮也采单片通长装板，柜膛面的立墙以短柱隔成三段，浮雕方开光内含古意的方形几何拐子纹。相较之下，下方腿足间的马肚式牙条较为圆润，凿刻两龙抵夹一个圆形寿字。

立柜内部安有两屉的抽屉架，柜膛另有加盖暗仓。除了立柜闩杆的原配金属构件已散佚，其余均保存良好。

126. 镶嵌方角柜

年代：18 世纪
产地：山西
材质：核桃木和黄花梨
尺寸：长 105.5 厘米 / 宽 52 厘米 / 高 182 厘米

方角柜的造型俊俏，展现多种丰富的装饰技法。在黑漆柜的边框上，以描漆彩绘法，绘制精致的花纹，柜膛面板则有一幅传统宫廷式的青碧山水手卷画，刻画青山绿水和其间的人物和小村庄。

核桃木的柜门嵌有上圆下方的黄花梨浮雕开光。精美的浮雕神似 18 世纪的玉雕。圆开光内刻有龙凤夹缠于环云之间；而组成环云的环节则有拱形的玉璜吊饰以及在上的双龙抢珠。下端有状似玉牌吊饰的方开光，内含椭圆框，中间以两龙一凤拼出一个卷体福字；方开光的饰边则由回纹、云纹、如意和凤纹交织而成。

柜门的黄铜合页为原配，中无闩杆。柜内顶端有装饰牙条，安有两屉的抽屉架，下面还有一层搁板，底部有一个可盖合的暗仓。

127. 古钱纹方角柜（一对）

年代：18 世纪
产地：山西
材质：北榆（榆木）
尺寸：长 108 厘米 / 宽 63.5 厘米 / 高 200 厘米

方角柜高大俊挺，展现18世纪中晚期的典型装饰风格，结构技法相当独特。门扇攒边打槽内镶古钱纹的棂格板，边框浅刻回纹，象征无尽的财富。棂格整板透雕工夫讲究，背后的凹槽面板贴红纸，更能衬托表面的透雕图案。这些棂格面板都可拆卸，以便重新更换装饰用纸或布料。门扇上方的抹边边框构件看似一般，其实是一块横材料对剖两片半边组合而成——露脸在外的半边可拔除，卸下后就能把棂格板从门扇边框上的龙凤榫槽内抽出；露出后面的凹槽板，重新糊贴各人喜爱的纸张于上。

柜膛安大片横幅面板，浮雕五只蝙蝠飞翔于云端之上，取其"五福临门"的寓意。下方腿间牙条刻方形回纹饰边，中央镂刻寿字，两旁有祥龙环绕。

柜内有两屉的抽屉架，柜膛内的暗仓盖子则不知所踪。柜内壁板上仍保存陈旧的贴纸，绘有满地的莲花和卍字纹。

原配鼓钉合页虽在，门锁面条和吊牌拉手却已散佚（译注：所见为后配）。后腿也有严重损坏，现已修复。

128. 高浮雕彩绘大橱

年代：14-15 世纪
产地：山西
材质：松木
尺寸：长 165 厘米 / 宽 65 厘米 / 高 166 厘米

此件罕有的多格面板大橱在本书（英文原版）付梓之前刚被发现。它的早期传统风格和造型可与山西出土的明器（请看图录 117）相比。大朵单卉的装饰深具乡土风格，可溯及辽金时期作品的影响。

大柜正面为主要装饰的看面，柜身外圈边框的两侧和顶部安了连锁如意纹的装饰线板，内部多格面板结构的直、横材边框构件则以剑脊棱装饰。内圈以透雕花卉和人物的绦环板环绕，左上角官吏的帽子比较接近明式，而非宋金元时期的款式。

柜身中央安四扇通长镶板的门框，以三段绦环板和两段锼挖早期壶门式圈口的矩形装饰线板区隔，形成六抹五段的表面。中间的两扇门加装木轴作为橱门，底下安有三个抽屉。

大橱立于结实的豹脚之上，下有莲形托子，造型与图录 102 的抽屉柜很像。拱形牙条透雕卷草纹，婉转曲折，有助于减少整体的凝重感。

橱面为原薄料黑、朱漆，大致保存完好，只有稍微修理。

129. 黑漆描金衣箱

年代：明崇祯年间（1633年）

产地：山西

材质：木胎髹漆

尺寸：长55厘米 / 宽86厘米 / 高64厘米

此为明清两朝常见的储物箱。摆法多样，或彼此堆栈，或置于底座架上，或摆在橱柜顶上。

箱盖内侧有题识："崇祯六年（1633年）五月吉日克孝置。描金黑箱八个，八号。"看面有船只和房舍的描金风景，收揽于方形描金边框内，四周围以彩绘花纹饰边，箱帮也有花纹装饰。

此箱采取半隐燕尾榫结构。内里髹漆保存良好，原配金属饰件也完整无缺，底座为新制替代品。

黑白插图：小箱，明万历三十年（1602年）木刻插画。

130. 红漆描金衣箱（一对）

年代：17-18世纪

产地：山西

材质：木胎髹漆

尺寸：长93厘米 / 宽63厘米 / 高55厘米

朱漆箱上也有描金装饰，纹饰却属清代早期风格。正面和两侧施满地龙纹和缠莲纹，箱盖顶面和背面则有花卉风景。原配金属饰雕龙纹和云纹，保存完好。

129

130

131. 大提盒

年代：清乾隆年间（1740年）
产地：山西
材质：梧桐、杂木和铁饰
尺寸：长85厘米 / 宽53厘米 / 高106厘米

明代木匠宝典《鲁班经》①指出，四撞层盒的提盒是一种常见用具，便于在旅途或外出祭祀时携带。此盒有乾隆五年（1740年）的年款。

提盒原本髹朱、黑漆。提盒的前后看面原来饰有拼图式的贴饰设计，拼图边框大小直跨五层四撞，也有助于辨识层盒堆栈的顺序。横梁安绦环板，雕刻花卉，多彩装饰。

为提梁和层盒加固的铁片包镶也相当醒目，沿边施以密集的鼓钉外，两侧还有细眼才能注意到的、成列的芝麻粒凸点点缀，后者是传统针戳手工铁艺的一种。提梁以麻花铁索条②补强提架底座两侧的支撑力，竿子穿过提梁上端的熟铁活环即可提起。

黑白插图：明弘治十一年（1498年）《西厢记》的木刻插画。

提盒上端的提梁架结构像个盒套，可用长竿贯穿挑起。盒套的顶板凿两个可插入旗杆的洞口，专为插置节庆旗帜或彩带。

提梁的接缝处也用铁片条包镶，并打上装饰性的鼓钉。盒套前后看面布满透雕的绦环板，刻画各式吉祥图案，包括饕餮纹、龙、花卉、灵芝和古钱等。两侧站牙刻成优美的卷叶纹，这种造型的站牙一般认为至少成于19世纪中叶之前，甚至明末清初。（译注：按本件墨款识为清道光年间所提。）

层盒体积较大，每个盒子的四角也以铁片包镶加固，并饰以密集的鼓钉。提盒前、后两面的中央以鼓钉排出圆开光。层盒的内皮都书有一字，由下到上依序为仁、义、礼、智，可作为排列的依据。

132. 大提盒

年代：清道光年间（1845年）
产地：山西
材质：杂木
尺寸：长96厘米 / 宽58厘米 / 高102厘米

黑白插图：食盒，晚明《试赋盟》的木刻插画。

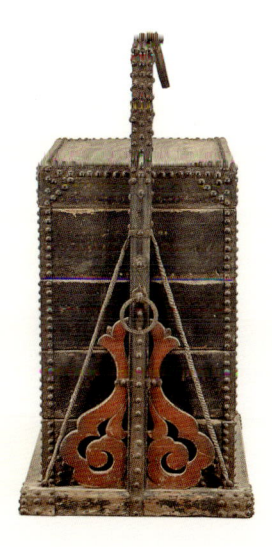

131

133. 红漆衣架

年代：18-19 世纪

产地：山西

材质：杂软木

尺寸：长 139 厘米 / 宽 37.5 厘米 / 高 135 厘米

衣架的造型轻灵疏透，与古意的装饰、浓烈的雕刻风格形成巧妙的对比。角牙透雕螭龙纹和卷叶纹；墩子高浮雕为一圈进深的宽边线脚和奇花异草。朱漆衣架的保存堪称完好，只有一处站牙是新制替代品。

黑白插图：仕女闺房衣架，晚明《种玉记》的木刻插画。

134. 双轨横枨衣架

年代：18-19 世纪

产地：山西

材质：杂木

尺寸：长 165 厘米 / 宽 60 厘米 / 高 155.5 厘米

衣架大致保有薄料红褐色漆，结构牢固以大量的圆材边框梁柱构件组成，与现代建筑的钢筋柱相似，造型上和前例（图录 133）的空灵疏透大异其趣。双轨横枨的支撑构造非常独特，极可能是为了补强传统形制的脆弱与不稳定。

上段有双轨横枨搭脑出跳，形成灵芝翘头。两侧有角牙和挂牙夹抵加固，中央立柱的两侧则有壶瓶站牙加固以支撑搭脑。中段的中牌子造型宛如一只方梁，由长直材置矮老构成。下段为辅助性的支撑搁架，状似一座长桥。足墩之间架着可装可卸的棕格板，便于放置或阴干鞋履使不接触潮湿的地面。

133

134

135. 悬挂式灯架（一对）

年代：18世纪末期–19世纪
产地：山西
材质：北榆（榆木）
尺寸：底座直径62厘米 / 高266厘米

悬挂灯笼的灯架并不多见，承放罩灯或蜡烛的灯台则较普遍。类似的灯架也可以用来悬挂鸟笼。

灯架分为底座和悬竿两部分。底座的三足以三根木料在中央相互交叠构合，上立有拐子纹透雕的站牙，顶端盖上一个莲瓣形的小托盘。小托盘中间打洞，以插入悬竿。

悬竿的上端接一段雕刻的弯材，刻出翘首望天的龙头。龙脖下方安一个小铁环，用以悬挂五彩灯笼。

黑白插图：清康熙年间（1662–1722年）《圣谕像解》的木刻插画。

136. 烛台（一对）

年代：18世纪末期–19世纪
产地：山西
材质：北榆（榆木）
尺寸：直径54厘米 / 高198厘米

三脚烛台的图解曾见于明代的木匠宝典《鲁班经》。底座以三块镂出草龙的大站牙夹抵灯竿而成。灯竿借着钵形毂套合站牙。草龙嘴衔下毂，尾托上毂。圆材立柱由上毂的洞口穿出，立在下谷的凹槽内。浅钵式的烛盘从竿头刺尖穿出，下扣固定，便于卸下更换蜡烛。

黑白插图：烛台，明景泰年间（1450—1456年）《饮膳正要》的木刻插画。

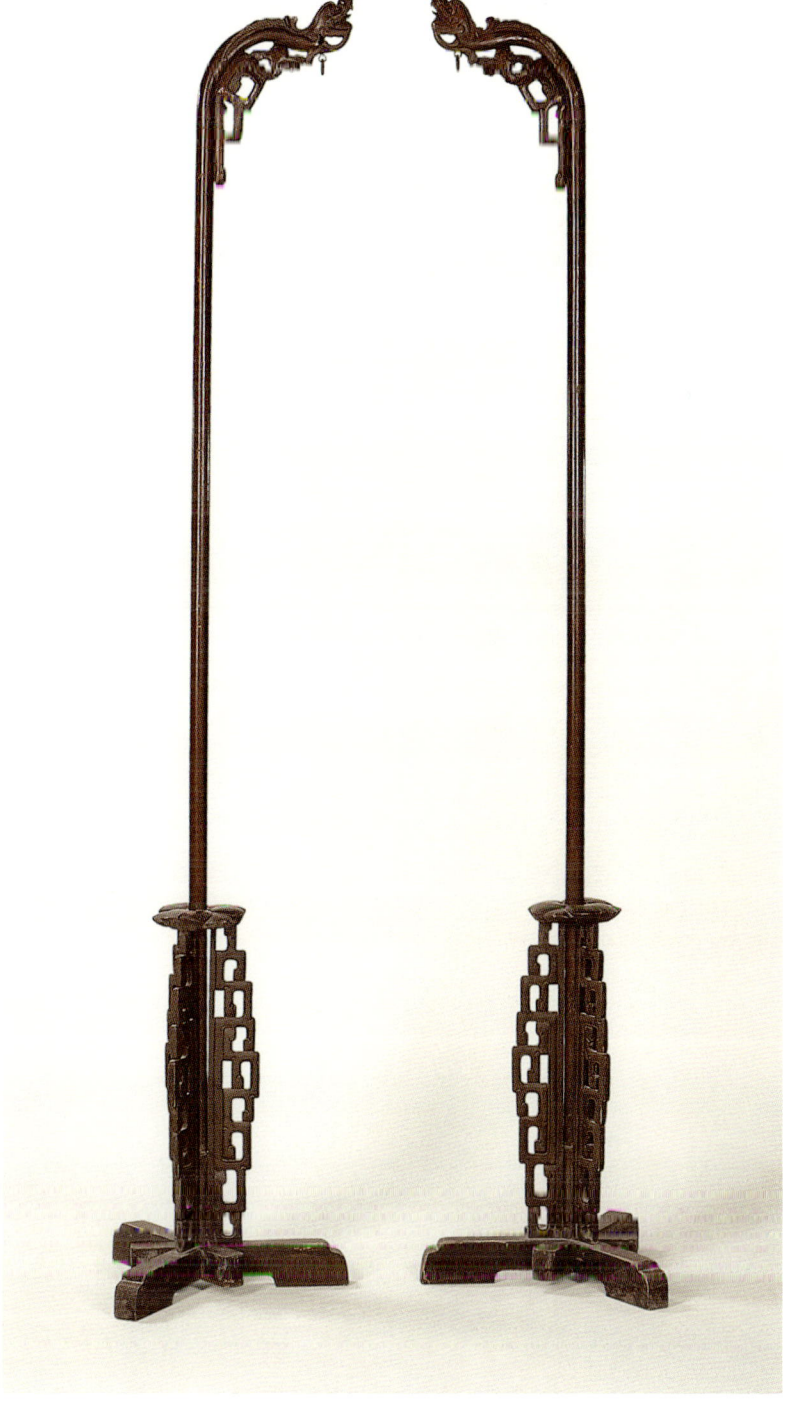

135

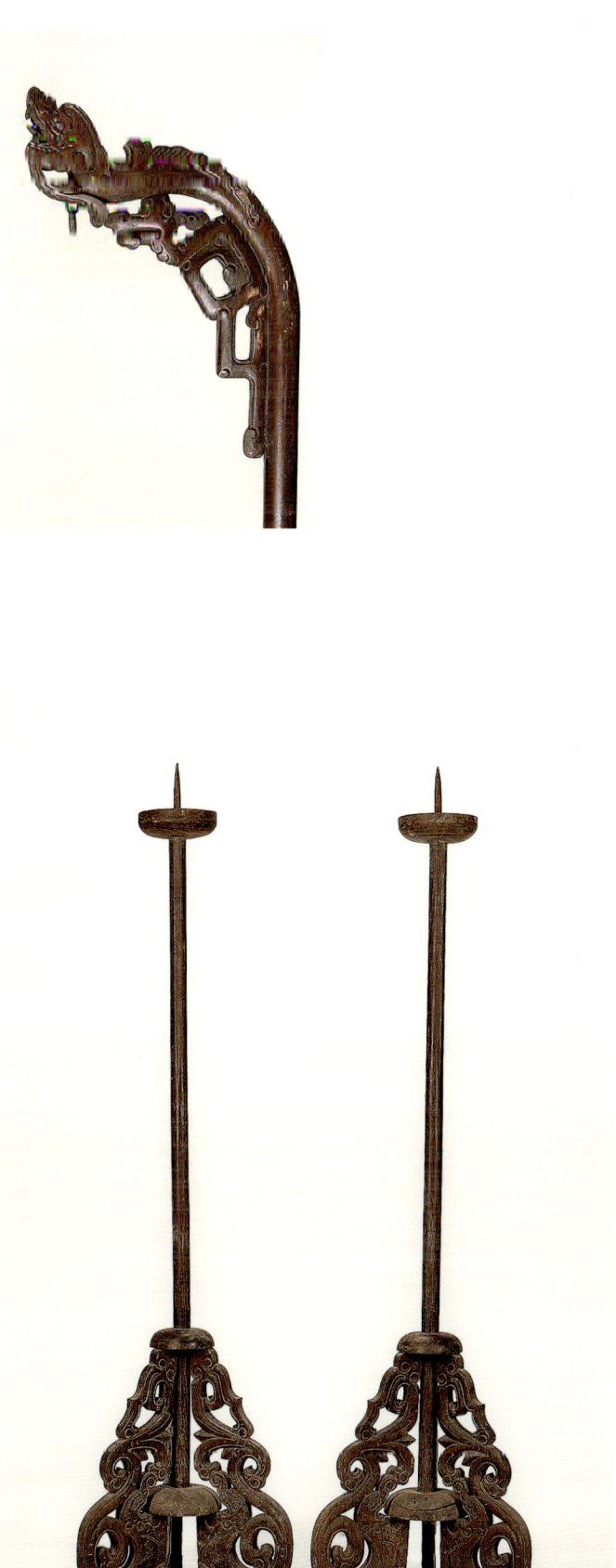

136

137. 升降式灯架（一对）

年代：18 世纪末期 –19 世纪
产地：山西
材质：北榆（榆木）
尺寸：长 27 厘米 / 宽 25 厘米 /
　　　高 154~191 厘米

　　升降式灯架的造型属于明式，然而装饰却是典型的清代山西风格。托平台和前例构造很像，也凿一方凹槽以承放可活动的灯笼独体。灯竿从座框顶端横梁的中央圆孔插入，孔口设木楔，当灯竿升降到所需的高度时就可以按木楔定位，但木楔已经遗失。两两抵夹的四片站牙透雕龙纹，细部的"刀切"技法是典型的山西特色。表面大致保有原髹薄料黑漆。

138. 立灯（一对）

年代：18 世纪末期 –19 世纪
产地：山西
材质：北榆（榆木）
尺寸：长 47 厘米 / 宽 47 厘米 /
　　　高 182 厘米

　　灯台保存原有可单独使用并移动的木框灯笼。托平台沿边起立墙可承拖灯笼，四角则凿方足榫眼以纳入灯笼的四足榫头。原配为面心的灯笼，每面灯笼边框安有内边框，可抽取卸下以更换糊纸，如今只剩一道内框。托平台下方有倒挂花牙作支撑。墩子十字相交脚头向外挑卷，正中树立八角形立柱灯竿，以四片壶瓶站牙抵夹支撑。简洁的款式搭配花式雕刻装饰，与 19 世纪中叶的提盒（图录 132）有异曲同工之妙。

黑白插图：灯台，晚明《西游记》的木刻插画。

137

138

139. 火盆架

年代：17 世纪
产地：山西
材质：紫榆
尺寸：直径 54 厘米 / 高 24.5 厘米

烧炭的火盆架可就地取材生火取暖、温酒或煮水烧茶用。此件圆面矮足火盆架的尺寸与明代《鲁班经》[63]的描述类似，风格则和晚明墓[64]中出土的明器相近。壶门型牙子和弧形曲线的腿子，以及朝里上翻的马蹄圈成婉转的透空轮廓，别有一番意趣。表面大体仍保有半透明薄漆。

黑白插图：火盆架，晚明《永团圆》的木刻插画。

140. 两用火盆架炕桌

年代：18-19 世纪
产地：山西
材质：核桃木
尺寸：长 48 厘米 / 宽 48 厘米 / 高 31 厘米

火盆架加盖板后，可以当成小方桌使用。盖子打槽装板，四周板边的底部另有一圈线脚附着，以便与火盆架的开口边框贴切扣合。火盆架的厚板面盘凿圆洞开口，口内有一圈凹陷的内边，以容火盆边轮置入坐实。壶门形牙子浮雕卷云和卷草，下接 C 形弧腿。

受盖板保护下的表面仍保有原制的半透明褐漆。腿足底侧留有遗榫的痕迹，推断原来安有托泥。

139

140

141. 大火盆架

年代：17 世纪

产地：山西

材质：北榆（榆木）

尺寸：直径 80 厘米 / 高 62.5 厘米

大火盆架为传统的高束腰造型，壶门式的牙条彭出，下接三弯腿，轮廓自然流畅，整体清新脱俗，美轮美奂。

火盆架的圆面边框铲地造内圈，并浮雕花沿纹饰边，专为承放有同样花沿状边轮的火盆而设计。高束腰和壶门形牙子间夹一圈半月形凸面线脚。牙条的细边沿着三弯腿以外翻的卷足作终，下接完好无恙的原始托泥。腿肩后方各出一直掌，以繁复的交叉接合法将五掌交搭于中央，形成一朵五瓣花，并以铁钉钉合。

黑白插图：火盆架，晚明《绣襦记》的木刻插画。

141

142. 大型座屏风

年代：15-16 世纪

产地：山西

材质：槐木、杨木和松木

尺寸：长 208 厘米 / 宽 84 厘米 / 高 220 厘米

大屏心描绘一幅文士聚会图，两人坐在榻前端详画作，后方及侧面各有一座围屏和座屏风并肩而立。前方地上有一人审视摊在席面上的古玩。两张香几上有香炉，左侧座屏风后方有一朱漆桌，上面摆着一把古剑和若干瓷器和青铜器。

座屏风的边框结构属于早期的传统风格。主边框构件髹深色漆，绦环板、牙条和座墩则髹半透明朱漆。屏扇边框的肩头踩委角，长、短材构件则起剑脊棱（请看图十 e，页 23）。透雕的绦环板围绕着屏心，除了下端的绦环板透雕卷草纹外，其他三端则凿渔网织、卍字和斜十字（请看图十二，页 23）等几何图纹。左右的主边框构件在末端出榫，嵌进两个浑厚的足墩中；足墩间以前、后两片披水牙子衔接，锼镂茂盛的卷草纹，洋溢着玲珑活泼的气息。

底座的高度已磨损两三厘米。原来抵夹边框的站牙亦已散佚，而以铁条取代。底座两侧嵌有大型铁制提环，以备因应时节移动屏风之用。

黑白插图：大屏风，晚明《临川四梦》木刻插画。

143. 插屏式座屏风

年代：16-17 世纪

产地：山西

材质：木胎黑漆

尺寸：长 100 厘米 / 宽 36 厘米 / 高 106 厘米

两面工的漆屏扇，以彩漆描绘亭台楼阁、人物及远方的群山峻岭，并以描金勾勒。

屏扇的边框平素，全无线脚装饰，可嵌插于底座。然而黯沉的底座表面，依稀可见原来精心设计、丰富绵密的描金装饰，绦环板还能略见几何式的雪花纹，底侧的披水牙子和两旁的站牙则保存繁花锦卉纹饰。原为黑漆，如今色调温润且遍生细密的断纹。

黑白插图：桌屏，明崇祯年间（1628-1644 年）《金瓶梅》的木刻插画。

144. 嵌山水石小座屏风

年代：16 世纪

产地：山西

材质：木、石和黑漆

尺寸：长 43 厘米 / 宽 27 厘米 / 高 49 厘米

小座屏风属于早期的传统风格，厚料黑漆的表皮已遍生断纹。自然天成的蛇纹、绿石屏心以人工磨出深、浅叠层的沟槽，既显露多层次纹理的质地本质，又绘有惟妙惟肖重峦叠嶂的景致。

屏扇的边框直接出榫嵌入座墩，站牙从旁抵夹支撑，形成一体固定的结构，这种早期传统的结构后来演变成插屏式的座屏风（参见图录 145）。足墩形如滚球落在摇篮似的古代翘头履内，可能别有意蕴，但尚待查考。

黑白插图：桌屏，明崇祯年间（1628—1644 年）《金瓶梅》的木刻插画。

145. 嵌山水石插屏式座屏风

年代：清乾隆朝（1793 年）

产地：山西

材质：核桃木和大理石

尺寸：长 64 厘米 / 宽 38.5 厘米 / 高 92.5 厘米

座屏风的造型传统，具有清代的装饰风格。核桃木的屏心透雕卷云和层层波涛，中央安一面圆形的大理石面板，整体构图犹如一座海中的仙岛。

单件的插屏插嵌于单件的底座，为两件一体的结构。底座饰有一片狭长的绦环板，透雕枝花鸟啼。下方的牙条镂出卷云和钟磬，两相抵夹的站牙雕刻祥龙和云纹，足墩刻出卷云承托立鼓。

座屏风背面有褪色的题识，指出此物为"乾隆五十八年十二月置，工价银叁两贰"。

144

145

146. 红漆磬架

年代：18 世纪

产地：山西

材质：木胎红漆

尺寸：长 34 厘米 / 宽 18 厘米 / 高 55.5 厘米

钟架可供悬挂石磬或钟，由造型来看，此架应是挂钟。搭脑中间拱起，透雕如意和卷草纹，两端出跳上翘，仿佛昂然的龙首。两边立柱中段略兜转收进直上，下有小站牙抵夹。下方的花板透雕卷草，足墩凿出方卷纹。从整体的风格和细致的做工上看，应是18 世纪的作品。

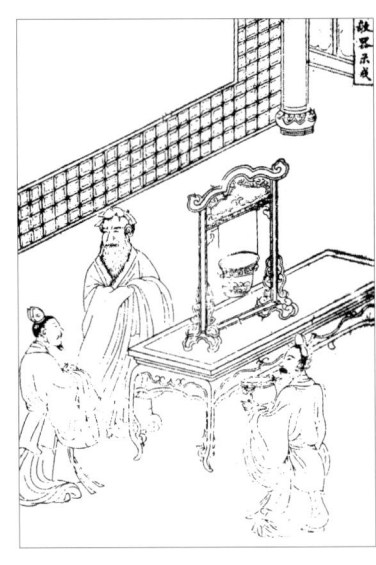

黑白插图：钟架，晚明的木刻插画《养正图解》。

147. 鼓架

年代：18 世纪

产地：山西

材质：北榆（榆木）和杨木

尺寸：长 81.5 厘米 / 宽 60 厘米 / 高 161 厘米

虽然明代的《鲁班经》把铜鼓架视为常见的家具类型，但是传世实物少之又少。此架的上端还有一个小方架，以悬挂音色更高的铜鼓或磬。表面还保有原制的朱、黑漆。

黑白插图：铜鼓架，明万历年间（1573—1619 年）《鲁班经》的木刻插画。

146

147

148. 神龛

年代：17−18 世纪
产地：山西
材质：榆木
尺寸：长 76 厘米 / 宽 32 厘米 / 高 92.5 厘米

《鲁班经》⑯对这种住家不可或缺的器物曾有详细描述。神龛传统上采取微形建筑的形式，里面供奉家族的神像。

神龛的屋顶弯曲成拱，四角刻龙。看面有精雕细琢的四扇门，两侧立墙饰有圆形透光棂格窗。整个神龛由一个造型优雅的鼓腿底座承托。

注　释

1. 参见王世襄与柯惕思，图录17；王世襄，1986年，页67；Bruce，1998年，页21。

2. 与罗启妍所编书中的一对黄花梨官帽椅相比，页115。

3. 此幅装饰画承蒙台北"故宫博物院"绘画组副组长林莉娜予以专业评鉴。

4. 与Berliner书中的一对黄花梨座椅相比，1996年，页105。

5. 与Ecke书中的黄花梨实例相比，页105，图录84。笔者也曾在私人收藏中看过多件黄花梨实例。亦请见Beurdeley书中的黑漆螺甸嵌实例，页116。

6. 王世襄，1990年，A77。

7. 纽约嘉士得，26批。

8. 此椅靠背板的罕见风格可与陈增弼书中的黄花梨座椅相比，1994年，页26。

9. 此榫卯在王世襄1990年书中有描述，卷1，页116，图3.23b。

10. 香港China Art的Hannah Chiang曾经手过几张类似的朱漆座椅。亦见洪光明1996 [II]，页102。

11. 据马可乐先生说，一位香港家具商几年前曾经手过这些椅子。

12. Ellsworth，1970年，图录19；Ecke，图录85。

13. 与朱家溍和王世襄书中圆桌的类似角牙相比，据推断为雍正、乾隆时期作品。图录180。

14. 王世襄与柯惕思书中有三件类似的黄花梨实例，页75；王世襄1986年，页104；Berliner，1996年，页95。另外两件黄花梨实例亦曾出现在近年的纽约苏富比，1996年311批及1997年482批。

15. 田家青，页98。

16. Medley，页36~37。

17. 田家青，页99。

18. 洪光明1996 [II]，页96。亦见Berliner and Handler，页42，及洪光明1998年，页64~67。

19. Laing，页81~83。

20. Franke, Herbert and Denis Twitchett合编，页309~310。

21. 文震亨，卷六，床，页141。

22. Lee, Sherman，图录191。

23. Berliner and Handler，页82~83。洪光明1996 [I]:5，页58。

24. 此信息由北京清华大学美术学院陈增弼教授提供。

25. Addis，页65。

26. 王正书，79。

27. 请见北京故宫博物院的黑漆床。朱家溍和王世襄，图录196。Arthur M. Sackler收藏另一件类似的床请见Handler，1991年，页30~31。

28. 李玉明，页63~64。

29. 李汝宽，页26。

30. 王世襄，1999年，页29~31。

31. 此信息由马可乐告知。

32. Berliner and Handler 书中有一件尺寸及设计几乎与之同款的实例，页 118。

33. 文震亨，卷六，天然几，页 231。

34. Berliner，1996 年，页 105。

35. 林莉娜，页 28。

36. Berliner，1996 年，页 100 及 105。

37. 柯惕思，1998 年，页 27，图 5。

38. David，页 160。

39. 另见 Ellsworth，1996 年，图录 47。

40. 王世襄，1990 年，B39。

41. David，页 160。

42. 张德祥，1997，页 34~39。

43. Ruitenbeek，II 47。

44. 此几的插图与讨论请见李汝宽，页 306~307。

45. 有关法国吉美博物馆此件香几的讨论请见 Beurdeley，页 118。

46. Yan Huijuan，页 16。

47. 柯惕思，1994 年，页 34。

48. Guting shuwu，页 614~616。

49. 王世襄书中有一件椅背亦有类似的天马装饰，1990 年，卷 1，页 140，图 4.29。

50. 柯惕思，1994 年，页 29~44。

51. David，页 106 及 322:23b。

52. 高濂，卷十五，77b，页 871~768。

53. 屠隆，页 124~125。

54. 文震亨，卷七，琴台，页 298。

55. 高濂，卷八，37b，页 534。

56. Beurdeley 书中有一件风格类似的万历年款雕漆小柜，页 102。另一件断代为隆庆的小柜请见王世襄，1990 年，D28。

57. Beurdeley 书中有一件万历年间的黑漆柜，其背板有田园式风格的彩绘，页 124。

58. The names of the artists include Ding Yu, Yu ??, Xia Bin, and Song Chuanrun.

59. Ruitenbeek，II 31, 47, 73.

60. Ruitenbeek，II 66.

61. The similar use of twisted reinforcing rods can be seen on a large tiered box in the Kai-Yin Lo collection. Lo, pp. 164~165

62. Ruitenbeek，II 71.

63. Ruitenbeek，II 73.

64. Berliner, 1996, P. 151.

65. Ruitenbeek，II 59.

66. Ruitenbeek，I 82.

参考文献

Addis, J. M. *Chinese Ceramics from Datable Tombs*. London and New York: Sotheby Parke Bernet, 1978.

洪光明："Enduring Traditions of Shanxi Furniture"。*Orientations*（1996年5月），54~63页。

洪光明："Shanxi Furniture: Unique Examples and Special Characteristics"。*Arts of Asia*（1996年9–10月），94~105页。

洪光明："Further Studies of Furniture in Alternative Woods — Reflections on Aspects of Chinese Culture"，刊于罗启妍：《中国古典家具与生活环境》，62~77页，香港，雍明堂出版，1998。

Berliner, Nancy. "When Vernacular Meets Fine: Thoughts on Chinese Furniture Studies". *Orientations*, May 1996 [Ⅱ], pp. 42~48.

Berliner, Nancy and Sarah Handler. Friends of the House: *Furniture from China's Towns and Villages*. Salem: Peabody Essex Museum, 1995.

Berliner, Nancy. *Beyond the Screen: Chinese Furniture of the 16th and 17th Centuries*. Boston: Museum of Fine Arts, Boston, 1996 [Ⅰ].

Beurdeley, Michel. *Chinese Furniture*. Tokyo, New York and San Francisco: Kodansha International, 1979.

Brown, W. H. *Timbers of the World: 5: Philippines and Japan*. England: Timber Research and Development Association, 1978.

Bruce, Grace Wu. *The Dr. S. Y. Yip Collection of Classic Chinese Furniture*. Hong Kong: New Island Printing Co. Ltd., 1991.

Bruce, Grace Wu. *On the Kang and between the Walls–the Ming Furniture quietly installed*. Hong Kong, 1998.

Bunker, Emma C. and Julia M. White. *Adornment for the Body and Soul*. University of Hong Kong, 1999.

柴泽俊、张丑良：《繁峙岩山寺》，北京，文物出版社，1990。

陈增弼：《中央工艺美术学院院藏珍品图录．明式家具》，香港，捷艺美出版公司，1994。

陈增弼：《宁波宋椅研究》，《文物》，1997（5），42~48页。

成俊卿、杨家驹、刘鹏：《中国木材志》，北京，中国林业出版社，1992。

Christie's New York. *The Jingguangtang Collection, Part II*. March 20, 1997.

Clunas, Craig. *Superfluous Things: Material Culture and Social Status in Early Modern China*. Urbana and Chicago: University of Illinois Press, 1991.

Clunas, Craig. "Furnishing the Self in Early Modern China". Essay in Berliner, Nancy. *Beyond the Screen: Chinese Furniture of the 16th and 17th Centuries*. Boston: Museum of Fine Arts, Boston, 1996, pp.21~35.

崔毅：《山西古建筑装饰图案》，北京，人民美术出版社，1992。

David, Sir Percival. *Chinese Connoisseurship*, The Ko Ku Yao Lun, The Essential Criteria of Antiquities, London: Faber and Faber, 1971.

大同市博物馆：《大同金代阎德源墓发掘简报》，《文物》，1978（4），1~3页，1~6版，18~21页。

大同市文物陈列馆、山西省大同市文物管理所：《山西省大同市元代冯道真、王青墓清理简报》，《文物》，1962（10），34~46页。

Ecke, Gustav. *Chinese Domestic Furniture*. Rutland, Vermont: Charles E. Tuttle, 1962.

Ellsworth, Robert Hatfield. *Chinese Furniture: Hardwood Examples of the Ming and Early Ch'ing Dynasties*. New York: Random House, 1970.

Ellsworth, Robert Hatfield. *Chinese Furniture: One Hundred Examples from the Mimi and Raymond Hung Collection*. New York, 1996.

Evarts, Curtis. "The Art of Joinery: A Manifold Expression". *Orientations*, January, 1993, pp 53~57. Also published in *Chinese Furniture: Selected articles from Orientations 1984–1994*. Hong Kong: Orientations, 1996, pp. 174~178.

Evarts, Curtis. "The Enigmatic Coffer". *Journal of the Classical Chinese Furniture Society* 4:4 Autumn 1994, pp. 29~44.

Evarts, Curtis. "The Furniture Maker and the Woodworking Traditions of China". Essay in Berliner, Nancy. *Beyond the Screen: Chinese Furniture of the 16th and 17th Centuries*. Boston: Museum of Fine Arts, Boston, 1996, pp. 53~76.

Evarts, Curtis："Traditional Chinese Furniture: From Sumptuous Palaces to Courtyard Dwellings"，刊载于罗启妍：《中国古典家具与生活环境》，23~43页，香港，雍明堂，1998。

Franke, Herbert and Denis Twitchett, eds. *The Cambridge History of China: Volume 6, Alien regimes and border states, 907–1368*. Cambridge University Press, 1994.

高濂：《遵生八笺》（1591年），《文渊阁四库全书》第八七一册，台湾商务印书馆。

高玉珍、柯惕思：《风华再现：明清家具收藏展》，"国立历史博物馆"，1999。

古亭书屋：《中国吉祥图案》，众文图书公司，1991。

Handler, Sarah. "The Revolution in Chinese Furniture: Moving from Mat to Chair". *Asian Art*, Summer 1991, pp. 9~34.

Handler, Sarah. "The Elegant Vagabond: The Chinese Folding Armchair". *Orientations*, January 1992, pp. 90~96.

Laing, Ellen Johnston. "Chin 'Tartar' Dynasty (1115—1234) Material Culture". *Artibus Asiae*, vol. 49.1/2, 1988—9.

Lee Yu-kuan. *Oriental Lacquer Art*. New York: Weatherhill, 1972.

Lee, Sherman. *China 5000 Years: Innovation and Transformation in the Arts*. New York: Guggenheim Museum Publications, 1998.

李明仲：《营造法式》（编著于1097年），北京，中国书店，1989。

李玉明：《山西古建筑通览》，太原，山西人民出版社，1986。

林莉娜：《画中家具特展》，台北，国立故宫博物院，1996。

刘集贤、孔繁珠、万良适：《山西名产》，太原，山西教育出版社，1991。

罗启妍：《中国古典家具与生活环境》，香港，雍明堂，1998。

吕福原、林庆东、蔡昆堭、庄纯合：《台湾商用木材图鉴》，"行政院农业发展委员会"、"国立嘉义农业专科学校"，1991。

陆志荣：《清代家具》，上海，上海书店出版社，1996。

Lufrano, Richard John. *Honorable Merchants: Commerce and Self-Cultivation in Late Imperial China*. University of Hawaii Press, 1997.

马未都：《明清家具的材质》，《收藏家》，第18期，1996（4），22~25页。

Medley, Margaret, "A Chinese Folding Chair in the Escorial". *Journal of the Classical Chinese Furniture Society*, 1:2 (Spring 1991), pp. 36~37.

Ruitenbeek, Klaas. *Carpentry and Building in Late Imperial China: A Study of the Fifteenth-Century Carpenter's Manual Lu Ban jing*. Leiden: E. J. Brill, 1993.

Schafer, Edward H. *Tu Wan's Stone Catalogue of Cloudy Forest: A Commentary and Synopsis*. Berkeley and Los Angeles: University of California Press, 1961.

沈富文：《中国漆艺美术史》，北京，人民美术出版社，1992。

宋金龙：《山西风物志》，太原，山西教育出版社，1992。

Sotheby's New York. *Fine Chinese Ceramics. Furniture and Works of Art*. September 18, 1996.

Sotheby's New York. *Fine Chinese Ceramics. Furniture and Works of Art*. September 23, 1997.

Spence, Jonathon D. *Chinese Roundabout: Essays in History and Culture*. New York: W. W. Norton, 1992.

田家青：*Classic Chinese Furniture of the Qing Dynasty*，香港，Phillip Wilson Publishers Ltd，1996。

屠隆：《琴笺》，《美术丛书》，第3卷，神州国光社（1947年），1卷6期，124~125页。

Twitchet, Denis, and John K. Fairbank, eds. The Cambridge History of China: vol. 7. The Ming Dynasty, 1368—1644, Part 1. Cambridge University Press, 1988.

王世襄：《中国传统家具：明代及早清》，香港三联书店，1986。

王世襄：《明式家具研究》，2卷，香港三联书店，1990。

王世襄：《明清家具的髹饰工艺》，《收藏家》，1999（1），#33，26~35页。

王世襄、柯惕思：*Masterpieces from the Museum of Classical*

Chinese Furniture. San Francisco: Tenth Union, 1995。

――: "Conjectures on Models of Ming-Period Furniture Excavated from the Pan Yunzheng Tomb in Shanghai", Essay in Berliner, Nancy, *Beyond the Screen: Chinese Furniture of the 16th and 17th Centuries*. Boston: Museum of Fine Arts, Boston, 1996, 76~83 页。

王正书：《庄氏家族捐赠：上海博物馆明清集萃》，香港，两木出版社，1998。

温幸、薛麦喜：《山西民俗：黄河乡土文化》，太原，山西人民出版社，1991。

文震亨：《长物志》，12 卷，1618 年，陈植校注，南京，江苏科学技术出版社，1984。

薛景石：《梓人遗制》（1264 年），《中国科学技术典籍·技术卷》，第 1 卷，337~347 页，郑州，河南教育出版社，1994。

杨伯达：《女真族"春水""秋山"玉考》，《故宫博物院院刊》，1983（4），9~16 页。

张成德、范堆相：《曹家》，太原，山西人民出版社，1997。
张成德、范堆相：《乔家》，太原，山西人民出版社，1997。
张成德、范堆相：《渠家》，太原，山西人民出版社，1997。
张成德、范堆相：《王家》，太原，山西人民出版社，1997。
张德祥：《高丽木家具初论》，《收藏家》，第 16 期，1996（2），26~29 页。
张德祥：《榉木与榉木家具》，《收藏家》，第 17 期，1996（3），30~33 页。
张德祥：《元代家具的风格》，《收藏家》，第 21 期，1997（1），34~39 页。
张德祥：《中国古代家具木质的识别及鉴定意义（上）》，《收藏家》，第 27 期，1998（1），36~41 页。
张德祥：《中国古代家具木质的识别及鉴定意义（下）》，《收藏家》，第 28 期，1998（2），20~23 页。

Zhang Yinwu. "A Survey of Chu-Style Furniture". *Journal of the*

Classical Chinese Furniture Society 3:4（Summer 1994），pp. 48~59.

朱家溍、王世襄：《中国美术全集·工艺美术编 11 竹木牙角器》，北京，文物出版社，1988。

朱家溍：《雍正年的家具制造考》，《名家谈鉴定》，北京，紫禁城出版社，1995，353~363 页。亦刊于《故宫博物院院刊》，1985(3~4)。

说明：

1. Berliner（柏琳娜）即 Nancy Berliner（南希·柏琳娜）
2. Handler 即 Sarah Handler
3. Kai-Yin Lo 即 罗启妍
4. Ellsworth（安思远）即 Robert Ellsworth
5. Ecke（艾克）即 Gustav Ecke（古斯塔夫·艾克）
6. Beurdeley（波德利）即 Michel Beurdeley
7. Ruitenbeek 即 瑞登毕克
8. Yan Huijuan 即 严慧娟
9. David（戴维）即 Sir Percival David（大卫德爵士）
10. Guting shuwu 即 古亭书屋

历史纪年表

汉		公元前 206- 公元 220
三国		公元 220- 公元 280
晋		公元 265- 公元 420
南北朝		公元 420- 公元 589
隋		公元 581- 公元 618
唐		公元 618- 公元 907
五代		公元 907- 公元 960
宋		公元 960- 公元 1279
	北宋	公元 960- 公元 1127
	南宋	公元 1127- 公元 1279
辽		公元 907- 公元 1125
金		公元 1115- 公元 1234
元		公元 1206- 公元 1368
明		公元 1368- 公元 1644
	洪武	公元 1368- 公元 1398
	建文	公元 1399- 公元 1402
	永乐	公元 1403- 公元 1424
	洪熙	公元 1425
	宣德	公元 1426- 公元 1435
	正统	公元 1436- 公元 1449
	景泰	公元 1450- 公元 1456
	天顺	公元 1457- 公元 1464
	成化	公元 1465- 公元 1487
	弘治	公元 1488- 公元 1505
	正德	公元 1506- 公元 1521
	嘉靖	公元 1522- 公元 1566
	隆庆	公元 1567- 公元 1572
	万历	公元 1573- 公元 1619
	泰昌	公元 1620
	天启	公元 1621- 公元 1627
	崇祯	公元 1628- 公元 1644
清		公元 1616- 公元 1911
	顺治	公元 1644- 公元 1661
	康熙	公元 1662- 公元 1722
	雍正	公元 1723- 公元 1735
	乾隆	公元 1736- 公元 1795
	嘉庆	公元 1796- 公元 1820
	道光	公元 1821- 公元 1850
	咸丰	公元 1851- 公元 1861
	同治	公元 1862- 公元 1874
	光绪	公元 1875- 公元 1908
	宣统	公元 1909- 公元 1911
中华民国		公元 1912- 公元 1949

山西省地图

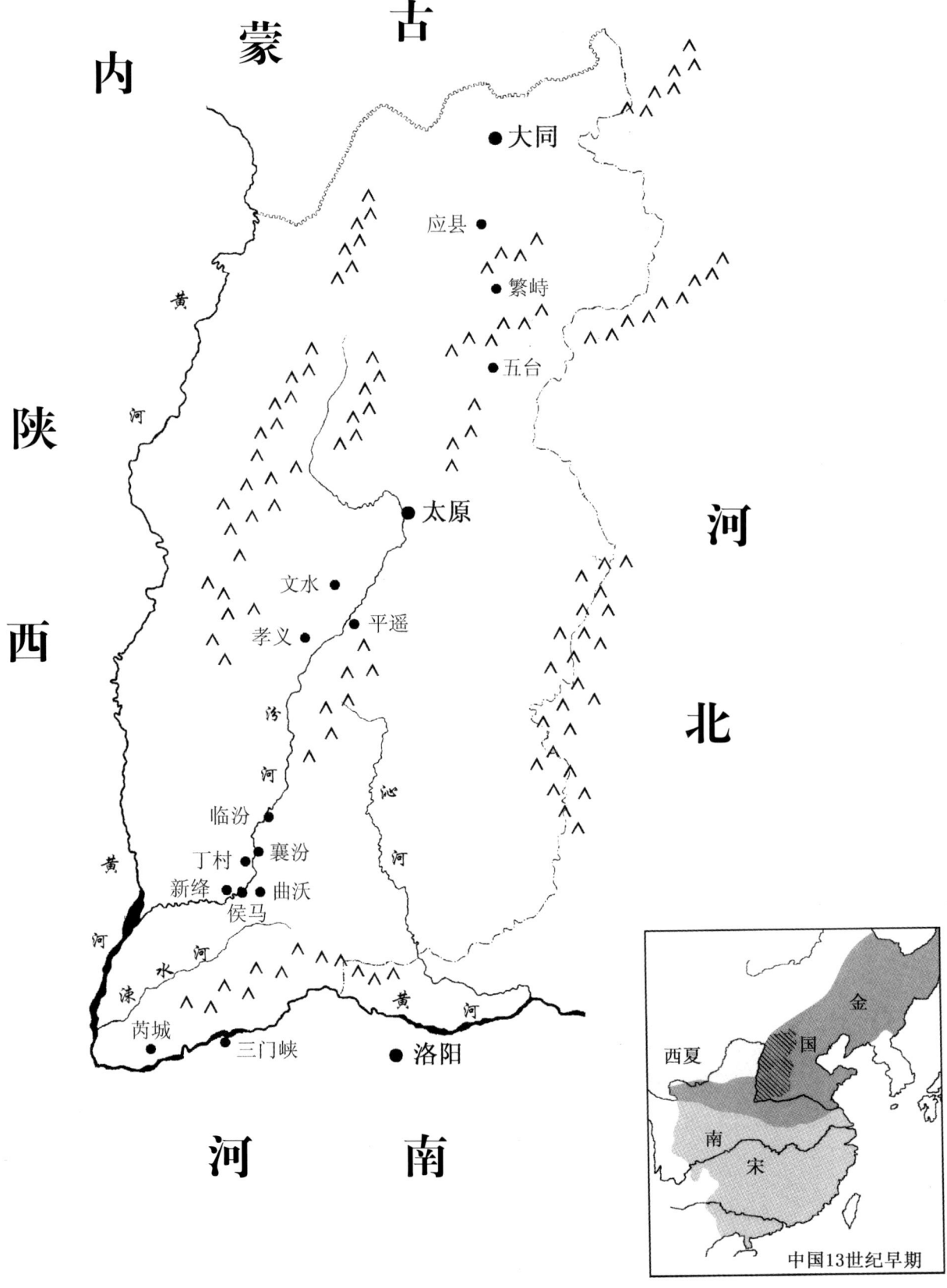

中国13世纪早期